KARSTEN EICHNER | EVA WODARZ-EICHNER

Mainzer Geheimnisse

SPANNENDES AUS DER STADT DER LEBENSFREUDE
MIT KENNERN DER HEIMATGESCHICHTE

Allgemeine Zeitung
Wir sind VRM

Eichner, Karsten; Wodarz-Eichner, Eva;
Mainzer Geheimnisse – Spannendes aus der Stadt mit Lebensfreude
- mit Kennern der Heimatgeschichte

ALLGEMEINE ZEITUNG in Kooperation mit:
Bast Medien GmbH, St.-Ulrich-Str. 11, 88662 Überlingen
(verantwortlich)
2. Auflage 2021
ISBN: 978-3-946581-80-2

Lektorat: Lena Bast
Bildredaktion: Melanie Kunze
Covergestaltung: Jarina Binnig, Cornelia Müller, Melanie Kunze
Layout: Homebase – Kommunikation & Design, Jarina Binnig
Satz: Melanie Kunze
Druck: Mohn Media Mohndruck GmbH, Gütersloh

Ein Titel der preisgekrönten Reihe *Geheimnisse der Heimat*

Inhalt

Vorwort

Durch das Gutenberg-Museum ist Mainz in der ganzen Welt bekannt. Schließlich ist Johannes Gutenberg als Erfinder des modernen Buchdrucks der berühmteste Sohn der Stadt. In Mainz steht mit dem Römischen Theater am Südbahnhof das einst größte römische Bühnentheater nördlich der Alpen. Und es wird noch besser: Seit Juli 2021 beherbergt Mainz mit dem Alten jüdischen Friedhof sogar ein Weltkulturerbe.

Darauf sind wir Mainzer vollkommen zu Recht stolz. Noch viel stolzer können wir aber auf die vielen eher verborgenen Geheimnisse und Schätze unserer tollen Stadt sein. Während der traditionelle Weg für Touristen vom Rhein zum Gutenberg-Museum am Dom vorbei in die Altstadt führt, zeigen Ihnen die Autoren dieses Buches Mainzer Geheimnisse, die zum Stadtbild gehören, deren Geschichte aber nicht immer bekannt ist.

Wussten Sie zum Beispiel, dass in einem Haus in Nachbarschaft des Gutenberg-Museums auch heute noch zwei Kanonenkugeln aus dem Jahr 1793 stecken? Mitten im Fassadenputz. Für jeden sichtbar – wenn man weiß, worauf man achten muss. Es sind zwei Zeitzeugen der Belagerung von Mainz, das damals von der französischen Revolutionsarmee besetzt war und … – ich möchte nicht zu viel verraten. Lesen Sie selbst.

Das gilt natürlich auch für das, was sich hinter einer Luftschutztür in der Salvatorstraße verbirgt. Es ist der Eingang zur Mainzer Unterwelt. Ganz unscheinbar und leider für die Öffentlichkeit nicht zugänglich. Die Gänge reichen hinauf bis zum Rosengarten und bis hinunter zum Südbahnhof.

Mehr Betrieb herrscht da schon auf der steilsten Straßenbahnstrecke Deutschlands. In der Gaustraße arbeiten sich die Straßenbahnen eine Steigung von 9,549 Prozent nach oben. Das ist schon zu Fuß anstrengend – und per Bahn ein ganz besonderes Fahrgefühl. Ein Sahnestück für Tram-Liebhaber aus nah und fern. Seit 2004 fahren die Bahnen im täglichen Betrieb gleichzeitig in beiden Richtungen. Vorher mussten sich in der engen Gaustraße teilweise beide Fahrtrichtungen ein Gleis teilen. Warum das heute nicht mehr so ist? Sie ahnen es: Das erfahren Sie in diesem Buch.

Wie so viele andere Mainzer Geheimnisse. Mit dem Erkunden aller 50 Geheimnisse sind Sie eine Weile beschäftigt. Ich empfehle Ihnen: Nehmen Sie sich die Zeit. Manchmal steckt die Faszination und die wahre Geschichte im Detail. Aber genau das macht ein Geheimnis ja auch so spannend. Und Sie werden feststellen: Mainz ist immer einen Spaziergang oder eine Reise wert.
Viel Spaß beim Lesen. Sie werden Mainz von einer ganz anderen Seite kennenlernen.

Dennis Rink
Leiter Lokalredaktion
Allgemeine Zeitung

Die Autoren

Dr. Karsten Eichner (geb. 1970) ist mit Mainz und seiner Geschichte eng verbunden. Er studierte an der Johannes Gutenberg-Universität Geschichte, Publizistik und BWL und hat dort über ein zeitgeschichtliches europäisches Thema promoviert. Parallel hat er als freier Journalist für die *Allgemeine Zeitung* und andere Titel der VRM über lokale und regionale Themen berichtet. Heute arbeitet er als Pressesprecher der R+V Versicherung. Zu seinen weiteren Buchveröffentlichungen zählen historische Krimis (*Sherlock Holmes: Die Wiesbadener Fälle*) und Sachbücher, etwa *Traumschiff Ahoi* über die Kulturgeschichte der Kreuzfahrt.

Dr. Eva Wodarz-Eichner (geb. 1971) ist Journalistin, Kulturhistorikerin und Redakteurin bei der VRM, zu der auch die *Allgemeine Zeitung* gehört. An der Mainzer Johannes Gutenberg-Universität, wo sie Literaturwissenschaft, Geschichte und Kunstgeschichte studierte, lernte sie ihren Ehemann kennen, den Co-Autor dieses Buches. Auch ihre beiden Kinder sind gebürtige Mainzer.

Eva Wodarz-Eichner lebte für einen Forschungsaufenthalt in Wien und promovierte in München. Als Autorin hat sie mehrere kulturgeschichtliche Bücher veröffentlicht, beispielsweise *Sagenhaftes Wiesbaden* oder den literarischen Ratgeber *Die Schiller-Strategie*. Bei Bast Medien erschien 2019 ihr Band *Wiesbadener Geheimnisse*, den sie gemeinsam mit Eva-Maria Bast geschrieben hat. Sie bekam verschiedene Förderstipendien, zuletzt von der Hessischen Kulturstiftung.

01

Giebelstein

Der Tag, an dem der Pulverturm explodierte

Ruhig liegt der alte Mann in seinem Bett, seine Atemzüge sind kaum mehr zu spüren, seine Augen geschlossen. 18. November 1857, 14:40 Uhr – sie wissen, dass das Ende nahe ist. Die Familie ist an seinem Sterbebett zusammengekommen, um sich von ihm zu verabschieden. Um zusammen zu sein. Um zu beten. Auch der siebenjährige Enkel des Sterbenden ist dabei. Er hat noch nie miterlebt, wie es ist, wenn ein Mensch diese Erde verlässt.

18. November 1857, 14:45 Uhr – die Erwachsenen weinen. Der kleine Junge spürt, dass etwas Besonderes geschehen wird – und plötzlich passiert alles gleichzeitig: Ein ohrenbetäubender Knall ist zu hören, das Haus scheint nicht mehr fest zu stehen, sondern zu beben, die Fensterscheiben bersten, das Porzellan und die Gläser im Schrank klirren aneinander. Überall schreien Menschen. Steine, Ziegel, ganze Gebäudeteile fliegen durch die Luft, die nach Pulver, Schwefel und Brand riecht. Auch die Erwachsenen im Sterbezimmer schreien – nur der kleine Junge bleibt ruhig. Er weiß, dass gerade etwas Einmaliges geschehen ist und sagt: „Siehste, eben ist dem Großvater seine Seele in den Himmel gekommen."

So schildert Hiltrud Gill-Heine den Tag, der in die Mainzer Geschichte einging – den Tag, an dem der Pulverturm explodierte und Teile der Stadt verwüstete. Mindestens 157 Menschen wurden dabei getötet, 57 Häuser völlig zerstört, weitere 64 zumindest teilweise. Die Festungswerke und die Stephanskirche wurden ebenso stark beschädigt. Die enorme Explosion ließ vom Pulverturm selbst nichts übrig – ein Giebelstein flog 470 Meter durch die Luft und blieb am Ballplatz liegen. Dort ist das 683 Kilo schwere steinerne Relikt, inzwischen leicht versetzt, heute in der Grünanlage neben dem Ballplatz-Café zu sehen.

„Der siebenjährige Bub war mein Urgroßvater und hieß Caspar Mayer", sagt Hiltrud Gill-Heine. „Und dessen Großvater, der gerade

Der Giebelstein, das einzige Relikt des Mainzer Pulverturms: Hiltrud Gill-Heine nimmt darauf Platz.

während der Explosion starb, war also mein Ururopa. Diese Geschichte wird seit Generationen in meiner Familie erzählt. Für den kleinen Caspar war es ganz klar: Wenn sein Opa in den Himmel kommt, geht das nicht einfach so. Die Explosion hat für ihn wohl den passenden Rahmen abgegeben", meint die Stadtführerin. „Es muss ein Inferno gewesen sein aus fliegenden Trümmerteilen, unfassbarem Lärm und schreienden, verängstigten Menschen, die gar nicht wussten, was eigentlich gerade passiert." Ihre Familie ist vergleichsweise glimpflich davongekommen, denn nur die Fenster des Hauses sind zerborsten – wie bei etlichen anderen Gebäuden auch. „Bis in den Rheingau war die Erschütterung zu spüren, und bis dorthin sind Scheiben zersprungen. Deshalb gibt es in Mainz und im Rheingau auch keine Glasfenster aus der Zeit vor 1857", erklärt Hiltrud Gill-Heine.

Der Pulverturm, auch Martinsturm genannt, gehörte als Gaupforte zur Festung Mainz und stammte noch aus der mittelalterlichen Befestigung der Stadt. Er blieb erhalten, als um 1670 die anderen Gaupforten niedergelegt wurden. Eine Zeitlang diente er als Militärgefängnis und später, im 19. Jahrhundert, als Pulvermagazin. Zum Zeitpunkt der Explosion am 18. November 1857 um 14:45 Uhr lagerten 208 Zentner Zündhütchen und über 600 Leuchtkugeln dort. Tatsächlich hatte Mainz noch Glück im Unglück, denn nur ein paar Tage zuvor waren noch rund 700 Zentner Munition im Depot gewesen. Und eigentlich sollte an dem Tag ein Turnfest stattfinden, zu dem neben der gesamten Garnison drei Fürsten eingeladen waren, unter ihnen der beliebte Herzog Adolf I. von Nassau (1817-1905). Nur weil das Fest kurzfristig abgesagt wurde, entgingen sie dem Unglück.

Der Giebelstein des Pulverturms ist bei der Explosion 470 Meter durch die Luft geschleudert worden.

Wie konnte es überhaupt zu der Explosion kommen? „Es war wohl ein Anschlag eines österreichischen Korporals, der das Magazin in Brand steckte", sagt Hiltrud Gill-Heine. „Ob es ein irgendwie gearteter Racheakt war oder ob er vielleicht aus Liebeskummer handelte, ist nie aufgeklärt worden. Jedenfalls wurde er sofort getötet."

Er riss etliche Menschen mit in den Tod. Die Rede war von 157 Opfern, wobei die Zahl der getöteten Österreicher nie veröffentlicht wurde. Die gesamte Wachmannschaft vor dem Gautor kam ums Leben, ebenso wurden die Soldaten der preußischen Garde-Feldartillerie, die gerade im Festungsgraben exerzierten, getötet oder schwer verletzt. Hinzu kamen die vielen Opfer unter der Mainzer Zivilbevölkerung.

Dass es nicht noch mehr wurden, ist das Verdienst der Festungsbesatzung, die die Minengänge in der Nähe des Pulverturms, in denen ebenfalls Munition lagerte, unter Wasser setzte. Dennoch lagen viele Häuser auf dem Kästrich in Schutt und Asche. Und außer dem Giebelstein war vom Pulverturm selbst nach der Katastrophe, die in einem Atemzug mit dem „Delfter Donnerschlag" genannt werden kann, nichts mehr übrig. In der niederländischen Stadt Delft explodierte anno 1654 ebenfalls ein Pulverturm, in dem Schwarzpulver gelagert war. Diese Explosion tötete über 1.200 Personen, verletzte Hunderte und machte ein ganzes Stadtviertel dem Erdboden gleich.

In Mainz jedenfalls gab das Unglück den Anlass dazu, den Kästrich neu zu gestalten. Die Straße, an der der Turm stand, trägt noch heute den Namen „Am Pulverturm". Auf dem Hauptfriedhof erinnert ein Denkmal an die Explosion und an die vielen Menschen, die sie in den Tod gerissen hat.

Eva Wodarz-Eichner

So geht's zum Giebelstein:

Der Giebelstein des Pulverturms ist bis zum Ballplatz geschleudert worden. Er liegt in einer kleinen Grünanlage links neben dem Café.

LOTTO

Kanonenkugeln

Erinnerungen an die Belagerung von 1793

Es gibt Geheimnisse, nach denen muss man ganz schön den Hals recken. So auch am Eckgebäude Markt 35, das in leuchtendem Apricot daherkommt und direkt linker Hand neben dem Gutenberg-Museum steht. Und siehe da, auf Höhe des zweiten Obergeschosses stecken sie mitten im Fassadenputz: zwei graue Kugeln mit der aufgemalten Jahreszahl *1793*. Die meisten Passanten gehen achtlos an ihnen vorbei, nehmen sie nicht einmal bewusst wahr und verpassen dadurch eine interessante Facette der Mainzer Stadtgeschichte.

„Man sagt, die Kanonenkugeln wurden im Originaleinschlagsort, also dem Haus, in dem sie stecken, als Erinnerung belassen", erläutert die Stadtführerin Claudia Strehl. „Es sind Erinnerungen an die Belagerung von Mainz."

Seit 1792 war Mainz von einer französischen Revolutionsarmee besetzt – sehr zum Ärger Preußens, Österreichs und der anderen deutschen Staaten. Gemeinsam planten sie eine schnelle Rückeroberung der Festungsstadt. „Ab dem 14. April 1793 wurde sie durch 32.000 Soldaten – überwiegend Preußen – eingekesselt und beschossen", erzählt Claudia Strehl. Die Beschießung hatte für Mainz fatale Folgen, zahlreiche bedeutende Gebäude in der Innenstadt wurden beschädigt oder gingen in Flammen auf. Das fürstbischöfliche Lustschloss Favorite, die Dompropstei und die gotische Liebfrauenkirche fielen in Trümmer, auch der Martinsdom wurde schwer beschädigt.

Augenzeuge und Chronist der Belagerung war Johann Wolfgang von Goethe (1749-1832), herzoglicher Rat in Weimar und vor Mainz zugegen als geladener „Gast militärischer Vorgänge", also eine Art Kriegsberichterstatter. Quartier nahm er unter anderem im heute noch bestehenden Chausseehaus in Marienborn, von wo aus sich ihm ein prächtiger Blick auf die umzingelte Stadt bot. Ganz in der Nähe lagerte ein Kürassier-Regiment unter dem Befehl seines Chefs, des Herzogs

Voll eingeschlagen: In der Fassade sind zwei Kanonenkugeln zu sehen.

Carl August von Weimar, der zugleich preußischer General war. Goethe war also mittendrin im Geschehen, durfte sogar einmal selbst eine Kanone abfeuern – ohne allerdings treffen zu wollen.

Über das Bombardement in der sternenhellen Nacht des 28. Juni 1793 hält Goethe als Chronist beispielsweise fest: „Neu war uns das Steigen und Fallen der Feuerkugeln; denn wenn sie erst mit einem flachen Zirkelbogen das Firmament zu erreichen drohten, so knickten sie in einer gewissen Höhe parabolisch zusammen und die aufsteigende Lohe verkündigte bald, daß sie ihr Ziel zu erreichen gewußt." Nachzulesen sind Goethes kommentierte Kriegserinnerungen beispielsweise in dem Buch *Wo Goethe schritt und weilte* der Kulturhistorikerin Marlene Hübel.

„Nichts als Verwüstung und Elend" sieht der Dichter bei der fortdauernden Beschießung, und traurig schreibt er wenig später in einem Brief: „Die Hälfte der schönen und wohlgelegnen Stadt mag nun wohl schon verbrannt seyn, der Erfolg muß diesen grimmigen Entschluß rechtfertigen."

In der Tat demoralisierte der fortdauernde Artillerieangriff die belagerte Stadt, sodass die Franzosen – die vergeblich auf einen Entsatzangriff aus ihrer Heimat gehofft hatten – Mitte Juli Verhandlungen mit den Belagerern aufnahmen. Die Kapitulation erfolgte dann am 23. Juli, und dafür hatten die in der Stadt verbliebenen französischen Truppen einen unbehelligten freien Abzug ausgehandelt. Durch das Gautor zog die geschlagene Besatzungsarmee ab, Goethe beobachtete die Szenerie am 24. Juli von seinem Fenster im Marienborner Chausseehaus aus.

Drei Tage später ritt Goethe mit zwei Freunden in die zerstörte Stadt – und war bestürzt über das Ausmaß der Zerstörung: „In Schutt und Trümmer war zusammengestürzt was Jahrhunderten aufzubauen gelang, wo in der schönsten Lage der Welt Reichtümer von Provinzen zusammenflossen."

Auch Mainz wurde in der Folgezeit wiederaufgebaut, nach Rückkehr der Franzosen 1797 gab es beispielsweise ein radikales Modernisierungs- und Neubauprogramm, dem viele Ruinen wie auch noch erhaltene Gebäude zum Opfer fielen – darunter auch die mittelalterliche Martinsburg (siehe Geheimnis 23). Doch die Zerstörungen der Stadt sollten sich wiederholen, etwa in den verheerenden Bombennächten 1942 und vor allem im Februar 1945, die weite Teile der Innenstadt in Schutt und Asche legten. Auch die Bebauung rund um Dom und Marktplatz wurde dabei schwer getroffen und nach dem Zweiten Weltkrieg wiederhergestellt.

Die Kanonenkugeln in der Hauswand erinnern – ebenso wie die nahe St. Christophskirche, die nach den alliierten Bombardierungen heute als Ruine und Kriegsmahnmal konserviert ist – damit bis heute an die kriegerischen Kapitel aus der langen und ereignisreichen Mainzer Stadtgeschichte. Doch die Mainzer bewiesen ein ums andere Mal Durchhaltewillen, Aufbaugeist und Heimatverbundenheit. Die beste Verkörperung davon findet sich sicherlich bei Ernst Neger (1909-1989), dem legendären „singenden Dachdeckermeister" aus der Mainzer Fastnacht. Die von Georg Zimmer-Emden nachträglich gedichtete vierte Strophe des bekannten Fastnachtsschlagers *Heile, heile Gänsje* wurde zur „Mainz-Hymne" der Nachkriegszeit:

„Wär ich emol de Herrgott heit, do wüsste ich nur eens, / ich nähm' in meine Arme weit, mein arm' zertrümmert Meenz, / und streichel es ganz sanft und lind und sag: Hab nur Geduld, / ich bau dich widder auf geschwind! Ja, du warst doch gar net schuld. / Ich mach dich widder wunnerschee, du kannst, du derfst nicht unnergehn! / Heile, heile Gänsje, 's is bald widder gut / 's Kätzje hot es Schwänzje, 's is bald widder gut. / Heile, heile Mausespeck, in hunnert Jahr ist alles weg."

An die Bombardierung von 1793 dachte da gewiss niemand mehr. Aber gepasst hätten die Zeilen damals ebenso gut.

Karsten Eichner

So geht's zu den Kanonenkugeln:

Die beiden Kugeln befinden sich in der Fassade des Hauses Markt 35, links neben dem Gutenberg-Museum, in Höhe des 2. Stockwerks.

Schild

WWW auf Meenzerisch

Dass die Mainzer ihrer Zeit weit voraus sind, offen und visionär, hat nicht nur der hier geborene Johannes Gutenberg durch seine spektakuläre Erfindung des Buchdrucks mit beweglichen Lettern eindrücklich unter Beweis gestellt. Im Mainzer Fastnachtsbrunnen, der 1967 eingeweiht wurde, hockt eine Mönchsgestalt, die auf einem Schild *WWW* fordert. Handelt es sich dabei etwa um einen Jahrtausendsassa wie Gutenberg, der schon lange vor dem Beginn des Internetzeitalters W-Lan und ein schnelles Surfen im WorldWideWeb haben will?

Spaß beiseite (wobei das in Mainz eigentlich gar nicht geht): „Das *WWW* im Fastnachtsbrunnen hat natürlich nichts mit dem Internet zu tun und mit irgendwelchen immateriellen Informationen, die durch den Äther geschickt werden", sagt Peter Kneip schmunzelnd. Der Mainzkenner hat sich mit dem Fastnachtsbrunnen beschäftigt, ist ganz begeistert von der Vielfalt seines Figurenschmucks und hat natürlich auch herausgefunden, was es mit den drei großen *W* auf sich hat: „Sie stehen für ganz handfeste Grundnahrungsmittel des Mainzers, die kaum aus dessen Alltagsleben wegzudenken sind – nämlich für Weck, Worscht und Woi." Die Mönchsfigur im Fastnachtsbrunnen fordert also die närrische Marschverpflegung, die längst nicht nur in der Fastnachtszeit, sondern das ganze Jahr in Mainz Saison hat: Zum Paarweck (oder Wasserweck) gibt es ein gutes Stück Ringelfleischwurst, warm oder kalt, mit Senf oder ohne. Dazu gehört ein rassig-kräftiger Rheinhessenwein, gern auch mehr als nur einer.

Neben dem hungrigen Mönch, der sein Mainzer Menschenrecht fordert, gibt es viele andere Figuren in dem spektakulären Brunnen, die mit der Fastnacht oder mit der Stadt und ihrer Geschichte zu tun haben. „Es sind mehr als 200, von der Prinzessin über den Till bis hin zum Chorsänger ist alles dabei", verrät Peter Kneip. In elysischer Vielfalt ergießen sich Metapher und Satire über das himmelstrebende

„WWW" steht auf dem Schild der Mönchsfigur: Das hat aber rein gar nichts mit dem Internet zu tun.

Kunstwerk, das nach dreijähriger Bauzeit im Januar 1967, also mitten in der fünften Jahreszeit, enthüllt wurde. Gestiftet von Ludwig Eckes (1913-1984), dem Chef des Nieder-Olmer Getränkeunternehmens Eckes AG, wurde der Brunnen vom Münchner Bildhauer Blasius Spreng (1913-1987) entworfen. Er hatte sich im Wettbewerb zur Gestaltung eines Fastnachtsdenkmals mit seiner Idee gegen 233 andere Vorschläge durchgesetzt. Anfangs durchaus kontrovers diskutiert, ist der Brunnen heute ein Stück Mainzer Identität – kein Wunder, denn so viele Facetten der Stadt werden kaum woanders gespiegelt.

Das beginnt schon mit der Form des neun Meter hohen Brunnens: „Wer genau hinschaut, erkennt, dass die Umrisse des Fastnachtsbrunnens die Silhouette des großen Westturms des Doms aufnehmen – nur eben auf den Kopf gestellt", erklärt Peter Kneip. Passt zum närrischen Treiben und zur Fastnachtszeit, in der alles aus den Fugen gerät und ins Gegenteil verkehrt wird. Und auch die Person des Narren an sich ist ambivalent: Alles andere als bloßer Spaßmacher, hat der Narr die Aufgabe, seinen Finger in die Wunde zu legen, den Mächtigen dieser Welt den Spiegel vorzuhalten – wie der Hofnarr, der es oftmals als Einziger wagte, dem Herrscher die Wahrheit zu sagen. Die politisch-literarischen Redner der Mainzer Fastnacht leben diese Tradition. Dieter Brandt, der als Till unzählige Male auf der närrischen Rostra stand und vor allem durch die Fernsehsitzung „Mainz bleibt Mainz, wie es singt und lacht" weit über die Domstadt hinaus bekannt wurde, hat in einem seiner Vorträge die Aufgabe des Narren klar umrissen: „Den Menschen das Gefühl zu geben, / Dass sie trotz Missständen ansonst / Doch glücklich und zufrieden leben, /Das ist des wahren Narren Kunst."

„Wer genau hinschaut, erkennt, dass die Umrisse des Fastnachtsbrunnens die Silhouette des großen Westturms des Doms aufnehmen – nur eben auf den Kopf gestellt."

Die Narren am Fastnachtsbrunnen dagegen schweigen. Ihre lächelnden Gesichter scheinen weinselig, manchmal zerknirscht, mitunter auch boshaft, aber nie einfach nur fröhlich und unbeschwert. Die einzelnen Szenen vereinen sich zu überbordendem Gewimmel und bronzegewordenen Skurrilitäten. Als hätte Gott Jokus sein Füllhorn über dem Narrenturm ausgeschüttet, brechen von überallher die Figuren aus, gibt es keine Ordnung, keinen Anfang und kein Ende. Wo beginnen?

Vielleicht hier: Der Gardist, der sich höflich vor der Stiftertafel verbeugt, nimmt den aufmerksamen Betrachter gleichsam mit in die närrische Parallelwelt des Bronzebrunnens. Das „Narrenschiff" ist dargestellt, voll beladen mit spitzbehüteten Insassen, die aussehen wie Bajazzi und eine Pyramide aus Köpfen bilden – ebenso eine Reverenz an die getanzte Mainzer Fastnacht wie an das anno 1494 erschienene Buch *Das Narrenschiff* aus der Feder von Sebastian Brant, das vor der Reformation das erfolgreichste deutschsprachige Buch überhaupt war. Das Bild des Narrenschiffs bezieht sich auf die im Mittelalter sehr geläufige Metapher des „Kirchenschiffs", das für die im Heil verbundene Gemeinschaft der Gläubigen steht: Gleich einem Schiff gleitet die Kirche durch Zeiten und Angriffe, bietet den Gläubigen Sicherheit und Geborgenheit und bringt sie schließlich ins Paradies, ins himmlische Jerusalem. Der Begriff des Kirchenschiffs wird heute noch als architektonische Bezeichnung gebraucht.

Der „Mainzer Traum" ist im Fastnachtsbrunnen figürlich dargestellt – der Schlafende wird beschützt von einem Traumengel, der seinen Stab mit dem Mainzer Rad über ihm ausstreckt. Musikanten mit Trompete und Triangel, wie sie am Rosenmontagszug in den Musikgruppen zu hören sind, scheinen den Schläfer mit ihren munteren Melodien zu wecken. Natürlich dürfen auch der Sitzungspräsident und sein Komitee nicht fehlen – vielmehr gibt es gleich zwei honorige Präsidenten, einen sitzenden, einen stehenden, beide über dem „Mainzer Traum". Ob der Schläfer von einer Fastnachtssitzung träumt? Die „Komiteter" jedenfalls scheinen den Träumenden zu beschirmen. Nicht weit von ihnen findet sich der „Bajazz mit der Laterne", gleich in mehrfacher Ausführung. Als Maskottchen des Mainzer Carneval-Vereins (MCV) ist er allgegenwärtig – also auch im Fastnachtsbrunnen – und das nicht nur während der fünften Jahreszeit in der Domstadt.

Mit der Fastnacht gar nichts, dafür aber mit der Stadtgeschichte jede Menge zu tun hat die Figur des „trunkenen Römers", der, mit dem Lorbeerkranz auf dem Kopf und seligem Lächeln auf seinen Zügen, Kanne und Becher in Händen hält. Und auch der „Schreiber" ist eine

Verneigung vor der römischen Vergangenheit: Er beansprucht stolz eine eigene Nische im Brunnen für sich, hat ein Brett auf dem Schoß, auf dem er arbeitet. Neben ihm steht ein Säulenstumpf, der von einer Römerbüste gekrönt wird. Nicht nur zufällig ähnelt sie dem 1962 in Mainz ausgegrabenen Augustuskopf.

Mancher wird wohl zweimal hinschauen, wenn er eine andere Figurengruppe entdeckt: den römischen Reiter, der mit seinem Schwert seinen Mantel teilt und die eine Hälfte dem frierenden Bettler reicht – Sankt Martin, dem Schutzpatron der Stadt Mainz und Namensgeber des Martinsdoms, gebührt ebenso ein Platz im Fastnachtsbrunnen. Der echte Meenzer fiebert seinem Gedenktag am 11. November nicht nur wegen der Laternenumzüge entgegen, sondern auch deshalb, weil am 11.11. pünktlich um 11:11 Uhr die Fastnacht proklamiert wird. Übrigens vom Balkon des Osteiner Hofes, der direkt gegenüber des Fastnachtsbrunnens liegt.

Ganz unten im Brunnen, der Ludwigstraße und in deren Verlängerung dem Rhein zugewandt, befindet sich die Figurengruppe rund um den Vater Rhein. Sie ist nicht nur eine Reverenz an den Fluss, sondern auch an den Mythos, der ihn umgibt: So ist eine schwimmende Rheintochter ebenso zu sehen wie der grimme Hagen, dargestellt mit Schwert und geflügeltem Helm, der den sagenhaften Nibelungenhort mit all seinem Gold im Rhein versenkt.

Auch wenn der Bronzebrunnen das ganze Jahr über die Fastnacht heraufbeschwört, thematisiert er aber ebenso das Ende der fünften Jahreszeit: Denn dort ist auch der Geldbeutelwäscher zu sehen, der den Inhalt seiner Börse während der tollen Tage verzecht hat und das leere Portemonnaie in den Fluten von Vater Rhein auswäscht. Sogar der Kater ist als Bronzefigur dargestellt – gehört er doch ebenso zur Fastnacht wie der Aschermittwoch.

Eva Wodarz-Eichner

So geht's zum Schild:

Der Fastnachtsbrunnen steht unübersehbar auf dem Schillerplatz.

Die Wetzrillen an der Stadtseite des Eisenturms sind deutlich zu sehen.

04

Wetzrillen

Teufelskrallen oder Bettlerzeichen?

Sie sehen aus, als hätte ein riesiges Tier lange, lange, lange an dem Portal gekratzt – tief in die Mauern eingegrabene Rillen sind noch heute an beiden Seiten des der Stadt zugewandten Portals des Eisenturms sichtbar. Teilweise verlaufen sie auch über die Mauerfuge. Sie sind mit roter Farbe überdeckt, aber wer an dem prachtvollen mittelalterlichen Turm vorbeikommt, stutzt unweigerlich beim Anblick der langen Rillen. Wie sind sie entstanden? Welchem Zweck dienten sie?

Diese Fragen haben Historiker und Volkskundler seit Generationen beschäftigt, denn es gibt sie nicht nur in Mainz, sondern auch im historischen Stadtkern zahlreicher anderer Städte in ganz Deutschland. Oft werden die langen, senkrechten, geraden Rillen, die in der Mitte meist etwas breiter als oben und unten sind, von kleinen, kugelrunden Näpfchen begleitet, die ebenfalls in den Stein gegraben wurden. Es gibt eine Vielzahl von Theorien und Vermutungen zur Entstehung der Wetzrillen und Näpfchen. Doch ganz geklärt ist das Phänomen, das vor allem im Mittelalter auftauchte, nach wie vor nicht. Eine frühe Vermutung macht sogar den Teufel selbst für die Rillen verantwortlich: Er habe seine krallenbewehrten Klauen in den Stein gehauen. Ebenso wird kolportiert, der Steinstaub sei als Heilmittel abgeschabt worden – er sei als Mittel gegen Pest, Epilepsie oder Unfruchtbarkeit in einen Trank gemischt worden. Ob dieser wohl geholfen hat?

Der Eisenturm war einer der Türme in der Mainzer Stadtmauer. Noch heute ist er in voller Pracht zu bewundern.

Eine wahrscheinlichere Erklärung für die Entstehung der Wetzrillen, die es auch im Dom am südlichen Treppenniedergang und neben dem Ostchor im Inneren gibt, führt Georg Steffel in seinem Aufsatz *Die rätselhaften Rillen* an: „Es muss einen konkreten Grund geben, weshalb die Rillen in der Nähe von Türen und Toren entstanden sind." Und das an Gebäuden, in denen viele Menschen zusammentrafen. „In allen Fällen wird das Bedürfnis bestanden haben, beim Verlassen der Gebäude nach Eintritt der Dunkelheit Licht zu machen, eine Laterne zu entzünden." Die Rillen als Spuren des Feuerschlagens also? Das klingt durchaus wahrscheinlich. Eine andere Deutungs-Variante ist, Bettler als Urheber zu vermuten, die nach Art der Gaunerzinken Botschaften für andere hinterließen.

Doch warum ist nichts Schriftliches über die Wetzrillen überliefert? Dafür haben Walter Heinz und Werner Kaschel in *Von Wetzrillen und Reibschälchen* eine einfache Erklärung: „Über die Entstehung der

Wetzrillen und auch der sogenannten Reibschälchen in der Geschichte nachzuforschen wäre gleichbedeutend mit der Frage, wie eigentlich ein Nagel in das Holz kommt. Es waren [...] alltägliche Vorgänge und daher nicht erwähnenswert."

Wie auch immer die Rillen in den Eisenturm gekommen sind – dort sind sie noch heute. Der Turm wurde 1240 als Teil der Mainzer Stadtmauer und als einer von 34 Tor- und Wachtürmen erbaut. Seinen Namen hat er vom Eisenmarkt, der bis ins 19. Jahrhundert direkt davor stattfand. Genutzt wurde er ursprünglich als Wachturm und Stadttor, ab dem 18. Jahrhundert dann als Militärgefängnis. Bei der Bombardierung von Mainz im Zweiten Weltkrieg wurde er stark beschädigt und brannte aus.

In den 1960er-Jahren wurde der Turm wiederaufgebaut und wird gegenwärtig als Domizil des Kunstvereins Eisenturm für Ausstellungen genutzt. Die stattlichen staufischen Löwen, die vor dem Portal an der Rheinseite Wache halten, sind immer noch Symbole für Macht und Wachsamkeit. Neben dem Eisenturm sind von den Mainzer Tor- und Wachtürmen nur der Holzturm und der Alexan-derturm bis heute erhalten. An ihnen aber wurden noch keine mysteriösen Wetzrillen gesichtet.

Eva-Wodarz-Eichner

So geht's zu den Wetzrillen:

Wetzrillen gibt es in Mainz beispielsweise an den Pfosten des Eisenturms. Sie sind mit roter Farbe überstrichen, aber dennoch deutlich sichtbar. Der Turm steht an der Rheinstraße gegenüber der Rheingoldhalle.

O BEDENCK
DAS END

Stürzender Bauer

Ein Kardinal macht Propaganda

Natürlich, Wittenberg ist das Zentrum der Reformation in Deutschland. Dort wirkte bekanntlich der Reformator Martin Luther (1483-1546). Doch er hatte zeitlebens einen großen Gegenspieler. Und das war der katholische Erzbischof von Mainz: Kardinal Albrecht von Brandenburg (1490-1545), ein gewiefter Machtpolitiker und Renaissancefürst par excellence. „Albrecht war ein Lebemensch und ein großer Kunstmäzen", resümiert Stadtkenner und Buchautor Peter Kneip. So erhielten seinerzeit Albrecht Dürer, Lucas Cranach, Matthias Grünewald und weitere bekannte Künstler Malaufträge vom Erzbischof. Heute hat der Kardinal nicht nur ein prächtiges Grabdenkmal im Martinsdom, sondern er ist unter anderem auch der Erbauer des repräsentativen Renaissancebrunnens auf dem Mainzer Marktplatz. Und mit dem zeigte der ebenso humanistisch gebildete wie durchsetzungsstarke Kirchenfürst seinen Untertanen bildhaft, wo der Hammer hängt.

Im Herzen der Domstadt *hat Albrecht, Kardinal und Erzbischof von Mainz, diesen durch Alter verfallenen Brunnen zu seiner Bürger und der Nachwelt Nutzen wiederherstellen lassen*, heißt es auf der lateinischen Inschrift. Und auch beim Figurenschmuck darüber zog der Kardinal alle Register: Die dreieckige Brunnenkrone zieren Bonifatius, der Apostel der Deutschen, der Heilige Martin von Tours, Namensgeber des benachbarten Doms, sowie Bischof Ulrich von Augsburg, ebenfalls ein Schützer der Armen und Kranken. Und an der Spitze thront eine Madonna mit Jesuskind, die seit 1835 eine spurlos verloren gegangene unbekannte Figur ersetzt.

Doch warum ließ Kardinal Albrecht überhaupt solch ein kostspieliges Brunnenbauwerk errichten? Eine Antwort darauf gibt eine Bildplatte auf der dem Dom zugewandten Seite. Sie zeigt am unteren Rand einen hilflos stürzenden Bauern, der einen roten Hahn in der linken Hand hält. Der „Rote Hahn" war seinerzeit das Symbol für mutwillig

1525/26: Der Bauer stürzt bildhaft ab, der Kardinal triumphiert.

gelegtes Feuer und somit für den Bauernkrieg von 1525. Damals kämpfte die geknechtete Landbevölkerung gewaltsam für mehr Rechte und Freiheiten – und verlor schließlich gegen die hoch gerüstete und weit besser organisierte Obrigkeit.

Der kostspielige Brunnen Albrechts war also eine pure Machtdemonstration nach errungenem Sieg. Und zugleich ein Friedensangebot an die Bischofsstadt, die in Teilen seinerzeit mit den Bauern-Forderungen wie auch der lutherischen Lehre liebäugelte. Auch der belesene und kluge Albrecht schien zeitweise durchaus eine gewisse Sympathie für das protestantische Gedankengut zu entwickeln. Doch die Realpolitik im Reich sah eben anders aus. Und das kam so:

Der Marktbrunnen mit dem stürzenden Bauern hat es Peter Kneip besonders angetan.

Albrecht, der aus der Hohenzollern-Dynastie stammte, sammelte nämlich Ämter wie heute manche Leute Briefmarken. Als jüngerer Bruder des regierenden Markgrafen von Brandenburg war er bereits Erzbischof von Magdeburg sowie Administrator – also eine Art päpstlicher Verwalter – des Bistums Halberstadt. 1514 ließ er sich dann noch zum Erzbischof von Mainz wählen und war damit als Kurfürst und Reichserzkanzler sozusagen der zweite Mann im Reich, direkt nach dem Kaiser. Einem solchen prestigeträchtigen Posten konnte er einfach nicht widerstehen! Doch Rom sah eine solche Ämterhäufung eigentlich nicht gern, zudem war Albrecht von Brandenburg für das Amt noch zu jung und unerfahren. Also musste Geld die Sache regeln. Und zwar viel Geld.

„So viele einträgliche Kirchenämter muss man sich erst einmal leisten können", sagt Peter Kneip. An dieser Stelle kam deshalb das Augsburger Bankhaus Fugger ins Spiel, das Albrecht die immensen päpstlichen Bestätigungsgebühren, Servitien genannt, vorfinanzierte. Aber nun hatte der Hohenzoller auf einmal gewaltige Schulden, die er möglichst rasch zurückzahlen musste.

Das wiederum sollte der Ablasshandel ermöglichen. Zugute kam dem Kirchenfürsten dabei, dass auch Papst Leo X. gerade finanziell klamm war, schließlich verschlang der Neubau des – in dieser Form heute noch existierenden – Petersdoms in Rom immense Summen. So kam es, dass Albrecht einen fragwürdigen Deal einfädeln konnte, den man heute bestenfalls als „krummes Geschäft" bezeichnen würde: Der Papst erlaubte Albrecht den Handel mit Ablassbriefen in Deutschland – also gewissermaßen mit dem päpstlich verbrieften Recht auf Seelenheil nach dem Tod sowie der Aussicht, dem peinigenden Fegefeuer zu entgehen. Bei den schon bald munter sprudelnden Einnahmen machten der Papst und der junge Erzbischof dann halbe-halbe, ein anrüchiger Pakt auf dem Rücken der Gläubigen.

„So viele einträgliche Kirchenämter muss man sich erst einmal leisten können."

Die technische Grundlage dafür legte die Erfindung eines anderen berühmten Mainzers, nämlich Johannes Gutenbergs Druckkunst mit beweglichen Lettern. So war es möglich, vorgefertigte Formulare in großer Zahl zu produzieren. Geschäftstüchtige Geistliche wie der Dominikanerpater Johann Tetzel (1465-1519) brachten die Ablassbriefe unters gemeine Volk und füllten den beiden Kirchenfürsten wie erhofft die Taschen. Tetzels Slogan, „Wenn das Geld im Kasten klingt, die Seele in den Himmel springt!", ist bis heute im Volksmund bekannt und steht für eine verlogene und rein auf materiellen Gewinn zielende PR-Kampagne.

Die wiederum brachte schließlich den streitbaren Wittenberger Augustinermönch und Theologieprofessor Martin Luther in Rage. Dessen „95 Thesen", die er (der Überlieferung nach) publikumswirksam am 31. Oktober 1517 an die Tür der Schlosskirche von Wittenberg nagelte, prangerten den Ablasshandel an und führten bekanntlich zur Reformation in Deutschland. Zwar musste Luther vier Jahre später auf dem Reichstag in Worms um Leib und Leben fürchten, blieb aber dennoch standhaft und nutzte die Zeit nach seiner anschließenden fingierten Entführung dazu, auf der Wartburg das Neue Testament in die deutsche Sprache zu übersetzen. Mehr und mehr kam die Reformation in Deutschland in Fahrt.

Auch die geschundenen Bauern begehrten jetzt auf. Während sich einige reformatorische Prediger wie Thomas Müntzer (um 1489-1525) auf die Seite der empörten, aber schlecht bewaffneten Landbevölkerung schlugen – was Müntzer schließlich mit dem Leben bezahlte –, war Luther das militante und blutige Aufbegehren gegen Recht und Ordnung letztlich ein Gräuel. So fand sich der Reformator auf Seiten der siegreichen Fürsten wieder – auch wenn ihn von kirchlichen Würdenträgern wie Erzbischof Albrecht weiterhin Welten trennten.

Doch zurück zum Brunnen: Ihn ließ Albrecht, der bereits 1518 zum Kardinal aufgestiegen war, nach der Niederschlagung der Bauernaufstände im Jahr 1526 errichten, wie die lateinische Inschrift mit den römischen Ziffern *ANNO MDXXVI* zeigt. Wer das Bildprogramm des Brunnens näher betrachtet, findet im Wappen beispielsweise auch den roten brandenburgischen Adler und natürlich das Mainzer Rad als Wappen der Stadt. Und eben den wie betrunken wirkenden, hilflos stürzenden Bauern, der sein Aufbegehren mit seinem unweigerlichen Fall bezahlt. *O BEDENCK DAS END*, steht in Versalien über der drastischen Szenerie. Eine strenge Mahnung, die auch heute noch eine gewisse Aktualität hat – nämlich die, beim allwöchentlichen Mainzer Marktfrühstück bitte nicht allzu tief ins rheinhessische Rieslingglas zu schauen.

Karsten Eichner

So geht's zum stürzenden Bauern:

Der Marktbrunnen steht am Rande des Marktes in Höhe des Dom-Cafés am Übergang zum Liebfrauenplatz.

Auf Augenhöhe mit dem Kaiser und seinem Sohn: Cornelia Bärsch-Kämmerer an der Barbarossa-Säule.

06

Säule

Des Kaisers Pfingstfest

Es sollte größer und großartiger werden als alles, was Mainz je erlebt hatte. Ein gigantisches Fest wollte der Kaiser feiern, und alle sollten dabei sein, die Rang und Namen hatten in seinem Reich. Es sollte das größte Fest werden, das das Abendland jemals gesehen hatte, und seine beiden Söhne sollten vor den Augen der Welt ihre Schwertleite erhalten und damit in den Ritterstand aufgenommen werden – ein Ereignis, von dem man noch nach Jahrhunderten sprechen würde.

„Kaiser Friedrich Barbarossa hat Recht behalten: Das Mainzer Pfingstfest 1184 ging als das prächtigste Fest der Christenheit, das jemals gefeiert worden war, in die Geschichte ein", sagt Cornelia Bärsch-Kämmerer. „Und weil selbst die große Stadt Mainz die vielen Gäste, die der Kaiser geladen hatte, nicht fassen konnte, wurde auf eine Insel im Rhein ausgewichen: die Maaraue." Die Stadtführerin versorgt Mainz-Freunde mit Youtube-Videos, die sie an besonderen Orten der Stadt aufgenommen hat. So beispielsweise auch auf der Maaraue. Dort steht die Barbarossa-Säule aus rotem Sandstein, die fast genau 800 Jahre nach dem Reichsfest aufgestellt wurde und jetzt seit 1986 an das kaiserliche Event erinnert. Von Steinbildhauer Erwin Mosen (1932-2016) in Zusammenarbeit mit Auszubildenden des Hechtsheimer Ausbildungszentrums der Handwerkskammer geschaffen, zeigt die zwei Meter hohe Säule den Kaiser mit Krone, Zepter und Reichsapfel auf seinem Thron, neben ihm sind seine Söhne Heinrich und Friedrich zu sehen. Ein bisschen versteckt ist sie aufgestellt, sie drängt sich nicht auf. Wer sie entdeckt hat, liest die Inschrift, die an das denkwürdige Pfingstfest 1184 erinnert.

Der Stauferkaiser Friedrich I. (1122-1190) stand auf dem Höhepunkt seiner Macht, als er nach Mainz einlud. 1152 war er zum römisch-deutschen König gewählt worden; ab 1155 regierte er als Kaiser das Heilige Römische Reich. Seinen Beinamen Barbarossa („Rotbart") gaben ihm die Italiener wegen seines rötlichen Bartes. Er gilt als einer der bedeutendsten Herrscher des deutschen Mittelalters, der mit absolutem Machtanspruch in dem riesigen Reich Frieden und Ordnung wiederherstellte. Auf dem Dritten Kreuzzug, bei dem er seine Truppen 1189/90 die Donau entlang über den Balkan ins Heilige Land führte, starb Barbarossa, noch bevor er Jerusalem erreicht hatte: Er ertrank bei einem Bad im Fluss Saleph. Die Sage lässt ihn im Berg Kyffhäuser schlummern, bis er einst seinem Reich in höchster Not zu Hilfe kommen wird.

Davon ahnte freilich niemand etwas, als Mainz sich für das Fest rüstete. Um die Besucher – die Quellenangaben schwanken zwischen 20.000 und 70.000 – unterzubringen, wurde auf der anderen Rheinseite ein Feldlager errichtet: In der Ebene zwischen Erbenheim, Kostheim und dem Rhein entstand eine riesige Zeltstadt. Viele Hundert Zimmerleute bauten für die Gäste Zelte aus Holz und Leinen. Für den Kaiser und seine Familie wurde eine hölzerne Kaiserpfalz auf der

Maaraue direkt am Rhein gezimmert, unter alten Bäumen, die dem Herrscher an den heißen Sommertagen Schatten spenden würden. Eine große Festhalle entstand, und sogar eine Kirche aus Brettern wurde auf dem Festgelände aufgestellt. Für den Adel errichteten die Zimmerleute Holzhäuser. Die Versorgung der Gäste stellte eine logistische Meisterleistung dar: Riesige Scheunen wurden mit Getreide, mit Mehlsäcken und Bierfässern gefüllt; in zwei Hallen sollen mehr als 1.000 Hühner gehalten worden sein, und es gab Pferche, in denen Rinder, Schweine und Lämmer bereitstanden, für den Kaiser und seine Gäste geschlachtet zu werden. „Wichtig war natürlich auch der Wein, der extra aus dem Rheingau herangeschafft wurde", erzählt Cornelia Bärsch-Kämmerer. Sogar eine Schiffsbrücke von der Maaraue bis nach Mainz wurde geschlagen.

Die Barbarossa-Säule steht etwas versteckt auf der Maaraue.

Aus aller Herren Länder kamen die illustren Gäste: Aus Italien, aus Frankreich, aus den slawischen Ländern; ungarische Fürsten waren dabei und englische, die alle dem Kaiser die Ehre erweisen wollten. „Möglich war das, weil schon ein Jahr im Voraus zu dem Hoftag eingeladen worden war", erklärt die Stadtführerin. Aus deutschen Landen kamen die Herzöge von Schwaben, Bayern, Österreich, von Zähringen, von Böhmen und von Sachsen, ebenso der Pfalzgraf bei Rhein, die Markgrafen und die hohe Geistlichkeit: Alle Gäste brachten ein großes Gefolge mit, und natürlich kamen mit ihnen auch die Gaukler, die Bader und Krämer, die Dirnen und die Taschendiebe – das bunte Mittelalter in all seiner Pracht war zu Gast in Mainz.

„Am Pfingstsonntag zog die Festgesellschaft in einer Prozession zum Hochamt in den Mainzer Dom – und zwar über die Schiffsbrücke", so Cornelia Bärsch-Kämmerer. Allen voran der Kaiser und die Kaiserin – zuerst sollte eine Messe gelesen und ein Festmahl gehalten werden, bevor am Montag die beiden Söhne des Kaisers die Schwertleite empfingen und damit in den Ritterstand erhoben wurden.

Die Menschen feierten, die Großen der Welt führten politische Gespräche, das Volk tanzte und staunte über die Künste der Gaukler. Und als der Kaiser am Pfingstmontag seine Söhne Heinrich (1165-1197) und Friedrich (1167-1191) mit dem Schwert gürtete und sie ihrem Vater den Treue-Eid leisteten, kannte der Jubel keine Grenzen. Viele hundert Ritter und auch der Kaiser selbst nahmen an dem großen Turnier teil, zu dem danach geladen wurde. Bei der anschließenden Siegesfeier floss der Wein in Strömen.

Kaiser Friedrich Barbarossa gilt als einer der bedeutendsten Herrscher des Mittelalters.

Am Dienstag traten die ersten Gäste die Heimreise an. Andere, die nicht genug kriegen konnten von dem nimmermüden Spiel der Seiltänzer, Feuerschlucker und Barden, waren noch auf der Maaraue, als am Nachmittag ein schwerer Sturm aufzog. Er riss an den leinernen Wänden der Zelte, blies glimmende Holzscheite in die Höhe und entfachte ein Feuer in der Zeltstadt. Verzweifelt schöpften die Menschen Wasser aus dem Rhein, um den Brand zu löschen. Ein heftiges Gewitter besiegte zwar das Feuer, aber der Sturm zerrte weiter an der hölzernen Stadt, blies Zelte und Holzhäuser um – krachend brach sogar die Kirche zusammen. Fünfzehn Tote barg man später unter ihren Trümmern, als sich der Sturm gelegt hatte. „Damit fand das Fest ein abruptes und trauriges Ende", resümiert Cornelia Bärsch-Kämmerer.

Nicht nur auf der Maaraue ist mit der Säule ein Denkmal für das größte Fest des Mittelalters zu finden, sondern auch auf der Mainzer Rheinstraße neben dem Holzturm: Am ehemaligen Gebäude der Fachhochschule ist ein Betonfries des Künstlers Heinz Müller-Olm (1907-1993) angebracht. „Es zeigt das Hoffest in der Darstellungskunst der 1960er-Jahre", sagt die Stadtführerin. „Links symbolisch die alte römische Rheinbrücke, rechts die Schiffsbrücke, über die Barbarossa nach Mainz einzog." In der Mitte: der Kaiser mit den Reichsinsignien – seinem Schwert, der Krone und dem Zepter. Rechts von ihm steht der Mainzer Erzbischof als ranghöchster Fürst, deutlich erkennbar an seinem Bischofsstab.

Doch zurück zur Maaraue: Heute lässt nichts mehr erahnen, dass sie einmal Schauplatz der Weltgeschichte war. Die Halbinsel an der Mündung des Mains in den Rhein ist inzwischen ein Freizeitgelände mit Freibad, Spielplatz, Cafés und Restaurants, Campingplatz und Kleingartenanlage. Sie gehört zum Wiesbadener Stadtteil Mainz-Kostheim, den die amerikanische Militärregierung nach dem Zweiten Weltkrieg ebenso wie Mainz-Kastel und Mainz-Amöneburg unter Wiesbadener Verwaltung stellte. Gemessen an dem, was sich hier vor über 800 Jahren abspielte, ist die Tatsache, dass die Maaraue nach wie vor zu Hessen gehört – obwohl vielen Mainzern ein Ärgernis – doch nur ein Wimpernschlag in der Weltgeschichte.

Eva Wodarz-Eichner

So geht's zur Säule:

Auf die Maaraue kommt man mit dem Auto oder mit dem Bus (Haltestelle Kostheim Winterstraße). Von dort ist es ein Fußweg von etwa 15 Minuten bis zur Barbarossa-Säule.

Einschneidend: die offen zu Tage liegenden Eisenbahngleise in der Nähe des Kästrich.

07

Einschnitt

Mainzer Eisenbahntunnel durch zwei geteilt

Es sieht aus wie eine natürliche Senke unterhalb des Eisgrubwegs, in der die Bahngleise zwischen dem Mainzer Hauptbahnhof und dem Bahnhof Mainz Römisches Theater – dem vormaligen Südbahnhof – verlaufen. Doch weit gefehlt: Was heute an den Hängen dicht bewachsen ist und von der Straße aus wie eine ausgedehnte, naturbelassene Grünanlage wirkt, ist in Wirklichkeit ein Ingenieurbauwerk von gigantischer Größe. „Hier wurde der Tunnel aufgeschlitzt", verrät der Eisenbahnexperte Bernhard Hager. Denn mehr als 40 Jahre nach seiner Entstehung war der ursprüngliche Tunnel unter der Zitadelle und dem Kästrich dem zunehmenden Eisenbahnverkehr einfach nicht mehr gewachsen. Die Rauchgase der Dampflokomotiven zogen nicht schnell genug ab, obwohl bereits fünf oberirdische Entlüftungsschornsteine auf der rund 1,2 Kilometer langen Strecke für Ventilation sorgten. Doch das reichte Anfang der 1930er-Jahre nicht mehr, weil nun täglich mehr als 240 Züge den Tunnel passierten. „1932 begann man deshalb mit dem Aufschlitzen“, erzählt Hager.

Hinter dem martialisch klingenden Wort steckt eine Großbaumaßnahme von geradezu herkulischem Format: Die Erde über dem Tunnel wurde abgetragen, sodass die darin befindlichen Gleise schließlich an der frischen Luft lagen. Bis zu 29 Meter tief gingen die Grabungen, mehr als 350.000 Kubikmeter Erde mussten bewegt und abtransportiert werden. Nach rund zwei Jahren Bauzeit war der Einschnitt 1934 fertiggestellt. Seither besteht der Mainzer Eisenbahntunnel aus zwei Teilstücken – einem kurzen südlichen von 240 Metern und einem deutlich längeren nördlichen von 655 Metern Länge.

Gleich in doppelter Hinsicht war die französische Besatzungsmacht nach dem Ersten Weltkrieg für das Aufschlitzen des Tunnels mitverantwortlich. Zum einen verlangten die Franzosen eine weitgehende Demilitarisierung der ehemaligen Festungsstadt. So war es möglich, die nutzlos gewordene Eisgrubkaserne über dem Tunnel abzureißen und dort die Grabungen zu beginnen, bei denen übrigens auch ein römisches Militärbad ans Licht kam. „Ohnehin muss man in Mainz Frankreich für das Schleifen der Anlagen der Reichsfestung Mainz ewig und drei Tage dankbar sein. Mainz ist hiermit von einem städtebaulichen Albdruck ohnegleichen befreit worden“, resümiert Hager. Der zweite Grund – und konkrete Anlass – für die Baumaßnahme war ein schweres Eisenbahnunglück während der Besatzungszeit 1924 im verrauchten Tunnel, in dem es aufgrund schlechter Sichtverhältnisse zu einem Auffahrunfall mit 14 Toten und zahlreichen Verletzten kam. Diese Tragödie zeigte augenfällig den Handlungsbedarf an diesem neuralgischen Punkt der Rheinstrecke.

„Ohnehin muss man in Mainz Frankreich für das Schleifen der Anlagen der Reichsfestung Mainz ewig und drei Tage dankbar sein.“

Dabei war schon der ursprüngliche Tunnel bei seiner Fertigstellung 1884, zeitgleich mit dem „Centralbahnhof“ genannten Mainzer Hauptbahnhof, eine technische Pionierleistung. Denn mit der Verlegung der Gleisanlagen in den Westen der Stadt und dem Bau eines Tunnels unter dem Kästrich gelang ein planerischer Befreiungsschlag. Zu Beginn des Eisenbahnbaus Mitte des 19. Jahrhunderts hatten die Gleise nämlich noch entlang des Rheins geführt, was für die allmählich wachsende Stadt keine glückliche Lösung darstellte. Federführend für die Verlegung war – unter Beteiligung von Stadtbaumeister Eduard Kreyßig (1830-1897) – seinerzeit die Hessische Ludwigsbahn.

„Für die Ludwigsbahn waren die Betriebsverhältnisse in den alten ufernahen, kapazitiv höchst unzulänglichen Bahnanlagen am Schluss unerträglich“, erzählt Hager. „Und da die Ludwigsbahn nach ihrem Selbstverständnis ein Mainzer Unternehmen war, spendierte sie das heute noch existierende, in strengen Formen der Neorenaissance gehaltene Empfangsgebäude.“

„Ende der 1990er-Jahre genügte dann auch die bestehende Tunnelanlage nicht mehr“, berichtet Hager weiter. Damals kam es zum Bau des so genannten Neuen Mainzer Tunnels. Er verläuft heute parallel zur bestehenden Strecke und erweitert die Kapazität beträchtlich. Da schon lange keine Dampflokomotiven mehr im Einsatz sind und die Strecke voll elektrifiziert ist, braucht er auch keinen belüftenden Einschnitt mehr. So kann man seit 2010 sogar viergleisig unter dem Kästrich hindurchfahren. Und vielleicht kommt dem einen oder anderen Fahrgast dabei ja künftig die „einschneidende“ Geschichte dieses bahntechnischen Bravourstücks in den Sinn.

Karsten Eichner

So geht's zum Einschnitt:

Ein guter Blick auf den Einschnitt und die darin liegenden Gleise eröffnet sich von der Straße „Am Gautor“ bzw. vom Eisgrubweg aus.

Blick von oben: Dr. Ulrike Zollfrank über der neuen Heiligenfigur mit Pilgerstab und Palmzweig.

Heiligenfigur

08

Schutzpatron in wandelnder Gestalt

Wo kann man schon mal einem echten Heiligen aufs Dach steigen? In Mainz geht das sogar wortwörtlich, und zwar auf dem Südwesttor der Zitadelle. Wer den Wall der Festungsanlage erklimmt, hat von oben einen guten Blick auf die Außenmauer des trutzigen Tors – und die Heiligenfigur an dessen Spitze. „Ich nenne ihn scherzhaft Nepokobus", lacht Stadtführerin Dr. Ulrike Zollfrank.

Eine Mischung aus „Nepomuk" und „Jakobus" also. In der Tat ist unklar, welcher christliche Heilige hier früher einmal das Tor bekrönte. Die originale rote Sandsteinfigur – die heute wieder neben dem Walltor in einer Nische ausgestellt ist – verwitterte im Laufe der Jahrhunderte so stark, dass eine genaue Zuordnung nicht mehr möglich war.

Man darf aber durchaus auf den Märtyrer Johannes (von) Nepomuk (um 1350-1393) tippen, der vor allem in Böhmen, in Österreich und im süddeutschen Raum als Schutzpatron der Brücken verehrt wurde und wird. Schließlich führte ja auch vom Südwesttor der Mainzer Zitadelle über viele Jahre eine Zugbrücke über den Festungsgraben. „Beim Bau der Festung lag das Niveau an dieser Stelle etwa vier Meter tiefer. Nach dem Zweiten Weltkrieg wurde hier Trümmerschutt verfüllt und anschließend ein Sportplatz für die auf der Zitadelle befindlichen Schulen angelegt", weiß Ulrike Zollfrank.

Zu Füßen des Heiligen: der muslimische Halbmond, das Dreieck als Symbol des christlichen Gottes und der jüdische siebenarmige Leuchter.

Vom originalen Graben ist an dieser Stelle heute also nicht mehr viel zu sehen, ebenso wenig wie von den typischen Attributen des ramponierten Heiligen, der bei der Sanierung des Tores vor einigen Jahren aus Stabilitätsgründen seinen Platz räumen musste. „Da die Bedeutung nicht gesichert erschien, entschloss man sich, auf dem Tor nun einen heiligen Jakobus aufzustellen", erzählt die Gästeführerin. Die Wahl lag durchaus nahe, schließlich stand auf dem Zitadellen-Hügel, dem Jakobsberg, früher einmal das Kloster St. Jakob. „So wurde wahrscheinlich aus dem Nepomuk der heutige Jakobus."

Der trägt – neben dem Palmzweig als typischem Attribut eines jeden christlichen Märtyrers – den Pilgerstab und an seinem Hut die charakteristische Jakobsmuschel. Der Legende zufolge begab sich Jakobus der Ältere, ein Jünger Jesu, nach dessen Himmelfahrt auf Missionsreise zur iberischen Halbinsel. Nach Jakobus' Enthauptung soll sein Leichnam auf ein Schiff ohne Besatzung gebracht worden sein, das schließlich in der nordspanischen Region Galicien an Land getrieben sei. Der Legende nach entstand auf dem Grab des Apostels später die Kathedrale von Santiago de Compostela – bis heute ein beliebter Wallfahrtsort für Pilger aus aller Welt und Zielpunkt des berühmten Jakobswegs.

Und irgendwie passt der weitgereiste Jakobus ja auch viel besser zu dem weltoffenen Mainz als der grausam in der Moldau ertränkte Prager Geistliche. „Dem Wunsch des Stifters folgend, wurden im Sockel drei Symbole für die drei auf dem Alten Testament fußenden Religionen eingemeißelt – Judentum, Christentum und Islam", erläutert die Gästeführerin. Wer genau hinsieht, erkennt zu Füßen des Heiligen folglich den siebenarmigen jüdischen Leuchter und ein Dreieck für den dreieinigen christlichen Gott sowie den muslimischen Halbmond.

„Dem Wunsch des Stifters folgend, wurden im Sockel drei Symbole für die drei auf dem Alten Testament fußenden Religionen eingemeißelt."

Das Südwesttor ist im Kern übrigens deutlich älter als die barocke Zitadelle selbst. Es existierte bereits zu Zeiten ihres Vorgängerbaus, der so genannten Schweickhardsburg, und wurde bereits 1629 – also mitten im Dreißigjährigen Krieg – errichtet. Für die ab 1655 planmäßig neu gebaute Zitadelle diente es dann als Flucht- und „Hinterausgang". Seine barocke Außenfassade ist folglich relativ schmucklos – abgesehen von der brandneuen Heiligenfigur.

Karsten Eichner

So geht's zur Heiligenfigur:

Der Heilige thront über dem Südwestportal der Zitadelle. Erreichbar ist die Figur zu Fuß gut vom Zitadellenweg (oberhalb der Bahnstation „Mainz Römisches Theater") oder von der Windmühlenstraße aus.

Barke

Ein Popstar des Mittelalters

Eine Welt brach an jenem trüben Wintertag für die Mainzer Frauen zusammen: Heinrich von Meißen war tot! Am 29. November 1318 verstummte die Stimme des Lieddichters und Minnesängers mit dem Ehrennamen „Frauenlob", der als einer der größten Lyriker des Mittelalters in die Literaturgeschichte einging, für immer. Die Glocken des Doms sind weithin zu hören, als sie ein paar Tage später zur Beisetzung rufen: Heinrich, der in Diensten des Erzbischofs gestanden hat, soll im Kreuzgang des Doms seine letzte Ruhestätte finden. Schon dieser Begräbnisort ist eine hohe Auszeichnung für ihn, denn sonst werden nur Angehörige des Klerus dort bestattet. Der Erzbischof selbst hat es so verfügt: ein angemessener Ort für jemanden, der es verstanden hat, die Jungfrau Maria wie kein zweiter mit seiner Dichtung zu preisen – oder auch alle anderen Frauen auf der Welt. Sie sind es, die seine Verse und Lieder geliebt haben und ihn, den Sänger, gleich mit. Sie sind es auch, die in Scharen zum Dom strömen, um bei seinem Begräbnis dabei zu sein und ihm die letzte Ehre zu erweisen. Es sollen sogar Frauen gewesen sein, die den Sarg des umschwärmten Minnesängers getragen haben. „Und es ist überliefert, dass die Mainzer Frauen so viele Tränen geweint und ihm zu Ehren so viel guten Wein auf das Grab gegossen haben, dass der Kreuzgang ganz überschwemmt war", sagt Stadtführerin Claudia Strehl. „Ob das jetzt stimmt oder nicht: Heinrich von Meißen war so etwas wie ein Popstar des Mittelalters."

Eine Persönlichkeit wie er bleibt unvergessen, weshalb ihm auch in Mainz ein ganz besonderes Denkmal gesetzt wurde: ein Brunnen am Rheinufer. Allerdings dürfte nur wenigen der Spaziergänger dort bewusst sein, dass das Bronzeschiff in der Mitte des Brunnens einem solchen Idol gewidmet ist. Von einem großen Segel geschützt, steht ein Mann mit einer Laute am Bug des Schiffes. Sein Blick ist auf den Rhein gerichtet, vielleicht in die Vergangenheit, vielleicht in eine unbe-

Hier kommt der Popstar des Mittelalters: Claudia Strehl präsentiert den Minnesänger Frauenlob, dem der Brunnen gewidmet ist.

stimmte Zukunft, die ihn hier erwartet. Seine Begleiter stehen auf der anderen Seite des Schiffes, weisen auf die Stadt. Dargestellt ist Frauenlobs Ankunft in Mainz, 1981 von dem Berliner Bildhauer Richard Heß (1937-2017) geschaffen. Der Minnesänger und seine Begleiter sind in etwa halber Lebensgröße dargestellt. Die Frauenlob-Barke bildet den Mittelpunkt der Brunnenanlage.

Etwa um das Jahr 1312 kommt Heinrich von Meißen (1250/1260-1318) tatsächlich per Schiff in Mainz an, um in die Dienste des Erzbischofs Peter von Aspelt (1240-1320) zu treten. Als Minnesänger macht er sich schnell einen Namen und erlangt rund 100 Jahre nach den großen Meistern der staufischen Klassik wie Walther von der Vogelweide (um 1170-1230) und Wolfram von Eschenbach (um 1160-1220) große Berühmtheit. Frauenlob, der sogar urkundlich mit diesem Ehrennamen bezeichnet wird, schreibt bunt, bilderreich und manchmal durchaus schwülstig. Sein Thema ist die Minne, sein bekanntestes Werk ist der *Marienleich*, ein poetisches und durchaus erotisches Loblied auf die Jungfrau Maria. Diese edelste und reinste „Vrouwe" steht als Ideal über allen anderen Frauen, aber auch diese werden von Heinrich von Meißen besungen.

Bekannt und durchaus von sich eingenommen prahlt der Dichter mit seiner Dichtkunst und stellt sie eitel über die der älteren Minnesänger. Im Laufe seines Lebens schafft er ein umfangreiches Werk, das in verschiedenen Handschriften, darunter auch in der berühmten *Manessischen Liederhandschrift*, überliefert wird. Heinrich steht in Diensten der höchsten geistlichen und weltlichen Würdenträger seiner Zeit: König Rudolf I. von Habsburg (1218-1291), König Wenzel II. von Böhmen (1271-1305) und Erzbischof Giselbert von Bremen (gestorben 1306) – bevor Peter von Aspelt ihn nach Mainz beruft.

„Die Frauen lagen ihm schon zu Füßen, bevor er in Mainz eine Singschule gegründet hat."

„Die Frauen lagen ihm schon zu Füßen, bevor er in Mainz eine Singschule gegründet hat", schmunzelt Claudia Strehl. In ihren Führungen zeigt sie gern auch das Grabmal des Minnesängers im östlichen Kreuzgang des Doms, das allerdings nicht mehr im Original erhalten ist. „Sein Grabstein wurde 1774 zerstört – bei Bauarbeiten und aus Versehen", weiß die Stadtführerin. Aber schnell wird Abhilfe geschaffen: Neun Jahre später gibt es einen neuen Grabstein, der 1841 wiederum durch ein prächtiges Grabmal von Ludwig Schwanthaler (1802-1848) ersetzt wird: Es stellt eine trauernde Frau dar, die einen Lorbeerkranz auf dem Grab des Minnesängers ablegt. In der Inschrift erweist *das dankbare Mainz* [...] *dem frommen Sänger der heiligen Jungfrau weiblicher Zucht und Frömmigkeit, Meister Heinrich Frauenlob* seine Ehre.

Mit diesem Grabmal trifft der Bildhauer Schwanthaler genau den Nerv seiner Zeit: Als Dichterkönig ab dem 15. Jahrhundert auch in der meistersängerischen Tradition gefeiert, erreicht die Frauenlob-Verehrung im 19. Jahrhundert einen neuen Höhepunkt. In Mainz ist der Minnesänger nicht weniger bekannt als Johannes Gutenberg (1400-1468), der zur Jahrtausendwende für seine Erfindung des Buchdrucks mit beweglichen Lettern zum „Man of the Millennium" gekürt wurde. Sogar Frauenlob-Opern werden komponiert und aufgeführt, es gibt Gemälde und Skulpturen, die ihn zeigen, was dem eitlen Dichter bestimmt gefallen hätte.

Auch wenn es wieder ruhiger um Heinrich von Meißen geworden ist, ist er in Mainz nicht vergessen: Das Dom-Museum hat anlässlich seines 700. Todestages im November 2018 eine Sonderausstellung über ihn gezeigt. Eine Straße, ein Platz und ein Gymnasium sind nach dem Dichter benannt. Dass es seit den 1920er-Jahren auch Frauenlob-Einmachgläser und -Bohnerwachs, mittlerweile sogar Küchengeräte gibt, die den Namen Frauenlob ganz anders als im Sinne des mittelalterlichen Lyrikers interpretieren, tut der Verehrung der Mainzer für „ihren" Minnesänger keinen Abbruch.

Eva Wodarz-Eichner

So geht's zur Barke:

Der Frauenlobstraße bis zum Rhein hinunter folgen, dann trifft man direkt auf die Barke.

10

Wasserspeier

Der heilige Sankt Spuckes

Markttag in Mainz: Dicht an dicht stehen die Stände auf den Domplätzen, offerieren nicht nur Obst und Gemüse, sondern auch Blumen, Eier, Wurst- und Käsespezialitäten, frisches Brot, Honig, selbstgemachte Brotaufstriche und sogar Obstbrände. Viele Mainzer und Mainz-Besucher tummeln sich zwischen den Ständen, kosten hier und kaufen da. Im Gedränge jedenfalls ist kaum jemandem der Brunnen vor der Gotthardkapelle weiter aufgefallen, geschweige denn der steinerne bärtige Mann mit den großen Ohren, der seltsam verzerrt wirkt und Wasser spuckt. Und spuckt und spuckt, ohne dass ihm auch nur irgendjemand irgendwann Beachtung schenken würde.

Wirklich zu stören scheint ihn diese Missachtung aber nicht. Er spuckt das Wasser weiter in kräftigem Strahl in das gemauerte Brunnenbecken, unbeirrt von allem, was drumherum so vor sich geht. Und manchmal kommt dann doch jemand und setzt sich zu ihm, gönnt sich auf der Mauer des Brunnens, der ihn umgibt, ein Päuschen: „Das ist der heilige Sankt Spuckes", sagt Cornelia Bärsch-Kämmerer lachend. „Weil er direkt vor der Gotthardkapelle liegt, muss er doch einfach ein Heiliger sein, oder?" Auch wenn die Maske eher an einen Satyrkopf oder an eine Teufelsfratze erinnert. Aber wie kamen Kopf und Brunnen vor den Dom?

Auch darauf hat die Gästeführerin eine Antwort: „Der steinerne Wasserspeier ist eine Kopie des Schlusssteines des ehemaligen Neutors in der früheren Mainzer Stadtmauer." Und an solchen Toren fanden sich häufig Fratzen, die im Sinne eines Abwehrzaubers auch das Böse außerhalb der Stadt halten sollten. Das folgt dem apotropäischen Prinzip „Gleiches mit Gleichem". Eine Fratze, die böse dreinblickt, sollte also böse Elemente draußen halten. Da hatte der Bärtige schon eine ziemlich wichtige Aufgabe, bevor er den Job wechselte und Wasserspeier wurde. Das „Neutor" hat das vormalige „Bockstor" ersetzt, des-

Cornelia Bärsch-Kämmerer und der heilige Sankt Spuckes.

sen Standort nicht genau bekannt ist. Jedenfalls wurde das Neutor 1669 in einem Festungshügel als südlicher Stadteingang erbaut. Das barocke Tor hat nur etwas mehr als 200 Jahre seinen Dienst verrichtet: Es wurde 1894 abgebrochen. „Der Wasserspeier mit der Teufelsfratze wurde in einer kleinen Grünanlage abgelegt, er verschwand wenig später und geriet in Vergessenheit", sagt Cornelia Bärsch-Kämmerer. Bis eine Kopie davon rund 80 Jahre später in der Brunnenanlage zu neuen Ehren kam.

Im Schatten des Doms spuckt die Maske vor der Gotthardkapelle unentwegt Wasser in den Brunnen.

Da die Maske keine bestimmte Person darstellt, kann die Figur durchaus als „heiliger Sankt Spuckes" durchgehen. Und wenn das für Nicht-Mainzer nach einer seltsamen Dopplung klingt, hat Cornelia Bärsch-Kämmerer auch dafür eine Erklärung: „ Das ist die Mainzer Tautologie: Wir trinken auch gern mal *e Fläschche Flaschebier* und fahren *Schiffchebootche.*" Dann darf auch der heilige Sankt Spuckes vor der Gotthardkapelle spucken, was das Zeug hält.

Eva Wodarz-Eichner

So geht's zum Wasserspeier:

Der heilige Sankt Spuckes spuckt direkt vor der Gotthardkapelle am Dom sein Wasser ins Brunnenbecken.

Markant und doch leicht verrutscht: der 50. Breitengrad in Mainz.

11

Breitengrad

Der Gutenbergplatz ist nicht ganz „auf Linie"

Der 50. Grad nördlicher Breite verläuft mitten durch Mainz, quer über den Gutenbergplatz. Das weiß jeder Mainzer. Was er aber sicherlich nicht weiß, ist, dass das zwar fast richtig ist, aber eben leider nicht ganz. Richtig ist, dass im Straßenpflaster vor dem Staatstheater ein seit einigen Jahren extra eingelassener Streifen mit zwei Messingschienen den 50. Breitengrad markiert. Von Touristen fotografiert und von den Mainzern Tag für Tag im wahrsten Sinne des Wortes beschritten. Doch in Wirklichkeit befindet sich der 50. Breitengrad etliche Meter weiter nördlich. „Der Breitengrad schneidet exakt das Kleine Haus des Staatstheaters", weiß der Diplom-Ingenieur und städtische Bausachverständige Achim Rüsen.

Dort – etwa auf Höhe der Staatstheater-Tiefgaragen-Einfahrt in der Straße „Am Kronberger Hof" – wäre eine Markierung im Boden aber viel weniger publikumswirksam als auf dem von vielen Stadtbesuchern frequentierten Gutenbergplatz, unweit des berühmten Gutenberg-Denkmals von Bertel Thorvaldsen. „Man hat sich hier natürlich die touristisch interessanteste Stelle herausgesucht", schmunzelt Achim Rüsen über die Chuzpe der Verantwortlichen.

Doch wo verläuft nun der „echte" Breitengrad genau? Er schneidet unter anderem die Betzelsstraße (siehe Geheimnis 20), die Seppel-Glückert-Passage und die Alte Universitätsstraße an der Ecke des alten Universitätsgebäudes, heute als „Domus Universitatis" Sitz des Instituts für Europäische Geschichte und des Journalistischen Seminars. Weiter geht es – etwas nördlich des Marktplatzes – durch die Schusterstraße, die Korbgasse, das Korbgässchen und den Rebstockplatz. Wer es genau wissen will, findet beispielsweise auf Wikipedia unter dem Stichwort „Gutenbergplatz" eine exakte Karte mit dem Verlauf des Breitengrades in der Mainzer Innenstadt.

Der Mainzer Gutenbergplatz ist übrigens bei weitem nicht der einzige Ort, der sich mit dem 50. Breitengrad schmücken kann, der sich ja bekanntlich einmal rund um den Erdball zieht. Auch das Schloss Johannisberg im Rheingau liegt auf dieser imaginären Linie rund um den Globus – ein entsprechendes Hinweisschild im Weinberg unterhalb des Schlosses verweist darauf. Die Festung Rüsselsheim befindet sich ebenfalls auf dem 50. Breitengrad. „Das ist ganz in der Nähe von meinem Wohnhaus", lacht Rüsen, der täglich von Rüsselsheim nach Mainz pendelt und so mit der Domstadt voll „auf einer Linie" liegt.

Auf dem gleichen Breitengrad befinden sich übrigens auch Prag, Krakau, das ukrainische Charkiw und das kanadische Winnipeg. Doch das geht nun wirklich über die Mainzer Geheimnisse hinaus.

Karsten Eichner

So geht's zum Breitengrad:

Die Breitengrad-Markierung findet sich im Pflaster vor dem Staatstheater am Gutenbergplatz.

Vom mächtigen Löwen beschirmt, erinnern Kosmas und Damian an die Vergangenheit des Hauses als Apotheke.

12

Zwillinge

Kosmas und Damian an der Löwenapotheke

Mächtig prangt der steinerne Löwe an der Fassade, lässig auf den großen Wappenstein gelehnt. Er ist der Wächter über das Haus, strahlt Kraft und Stolz aus – ganz so, wie es sich für einen Löwen gehört. Schräg unter ihm stehen zwischen den großen Fenstern des prächtigen Gebäudes am Markt Nr. 3 zwei Figuren auf steinernen Postamenten: zwei Männer, die Bücher und ein Standgefäß als Attribute tragen. Bis 2018 war hier die Löwen-Apotheke beheimatet, eine der ältesten Apotheken der Stadt. Der Schriftzug befindet sich noch immer über der Löwenfigur auf der Fassade, auch wenn mittlerweile ein Musikaliengeschäft in das

Ladenlokal im Erdgeschoss eingezogen ist. „Die beiden Figuren stehen eng im Zusammenhang mit der Löwenapotheke: Sie stellen die beiden Zwillingsbrüder Kosmas und Damian dar – die Schutzheiligen der Heilberufe, eben der Ärzte und Apotheker", erklärt Domkapitular Professor Dr. Franz-Rudolf Weinert, der als Geistlicher am Dom quasi ein Nachbar ist.

Kosmas und Damian lebten im 3. Jahrhundert an der Südküste Kleinasiens und arbeiteten in der römischen Provinz Zilizien als Ärzte. „Das Besondere an ihrer Lebensgeschichte war, dass die beiden Brüder Menschen und Tiere ohne Honorar und ohne andere Gegenleistung geheilt haben. Sie waren Christen und handelten nach dem Wort Jesu, das vom Evangelisten Matthäus im 10. Kapitel überliefert wird: Heilt Kranke, erweckt Tote, macht Aussätzige rein. Umsonst habt ihr empfangen, umsonst sollt ihr geben. Diese Geste war auch damals etwas Unerhörtes, Besonderes und wurde in der Zeit der Christenverfolgung als echtes christliches Zeugnis angesehen", erläutert der Geistliche.

„Das Besondere an ihrer Lebensgeschichte war, dass die beiden Brüder Menschen und Tiere ohne Honorar und ohne andere Gegenleistung geheilt haben."

Die beiden Brüder starben für ihre christliche Überzeugung den Märtyrertod, etwa um das Jahr 303 wurden sie enthauptet. In der Kirche spielten sie von Anfang an eine wichtige Rolle: „Schon im 4. Jahrhundert wurden ihre Namen in die römische Messfeier aufgenommen, wo sie bis heute beim Gedächtnis der Heiligen ausdrücklich Erwähnung finden", so Professor Weinert. „Auch in der Ostkirche werden Kosmas und Damian verehrt – weil sie ihre Patienten kostenlos behandelten, werden sie auf Ikonen oft mit geöffneten, leeren Geldkassetten dargestellt." Seit dem späten Mittelalter gelten die Zwillingsbrüder im Westen als Patrone der Ärzte und Apotheker. „Sie werden mit den entsprechenden Attributen dargestellt, also in langen Roben, mit Mützen, mit Buch und Standgefäß – genauso sind auch die beiden Figuren an der Löwenapotheke ausgestattet."

Die Löwenapotheke bestand seit dem Jahr 1598 in Mainz. Ursprünglich war sie in dem Anwesen Markt 23-27 untergebracht. Im

18. Jahrhundert zog die Apotheke um: 1770 richtete der Apotheker Johann Ludwig Liebler die Löwenapotheke im Haus Markt 3 ein. Er ließ damals die beiden Statuen von Kosmas und Damian an der Fassade anbringen. Ein paar Jahrzehnte später wurde der bis dato barocke Giebel des eigentlich dreistöckigen Hauses abgetragen und durch ein viertes Stockwerk ersetzt. 1892 folgte dann die Fassadenbemalung mit dem Namenszug *Löwen-Apotheke*. Kosmas und Damian überdauerten die Zeiten.

Der 27. Februar 1945 ging in die Stadtgeschichte ein: Mainz wurde vom Bombenhagel erschüttert, der rund 80 Prozent aller Gebäude zerstörte. Auch die Löwen-Apotheke und die benachbarten Häuser am Markt versanken in Schutt und Asche.

Dr. Franz-Rudolf Weinert vor den heiligen Zwillingen und dem Löwen.

In der Nachkriegszeit hatten die Mainzer anderes zu tun, als die zerstörten Häuser historisch genau zu rekonstruieren. Zuerst einmal mussten die Trümmer beseitigt, dann sollte eine neue Stadt gebaut werden. Der Betrieb der Löwenapotheke wurde von der Apothekerfamilie Keller so bald wie möglich wieder aufgenommen – jetzt mit modernem Äußeren, dem Zeitgeschmack entsprechend, der nichts mehr mit dem ursprünglichen Gebäude zu tun hatte. Der alte Name aber blieb erhalten.

In den 70er-Jahren hatte sich Mainz äußerlich längst von den Kriegsschäden erholt. Vieles war möglichst schnell wieder hochgezogen worden – allmählich aber wünschten sich die Mainzer doch die Stadtansicht von früher zurück. Zumindest auf den Plätzen rund um den Dom. Zu dessen 1000-jährigem Jubiläum sollte auch die Umgebung des Mainzer Wahrzeichens herausgeputzt werden. Dafür wurde die historische Häuserzeile rekonstruiert: Wenn auch die Häuser selbst neu waren, bekamen doch die Fassaden nach und nach ihr altes Erscheinungsbild zurück. Manche

Häuser wurden abgerissen und nach altem Vorbild wieder aufgebaut. Nach einer zweiten Rekonstruktionsphase konnte das nicht unumstrittene Projekt erst 2008 abgeschlossen werden. Obwohl die Rekonstruktionen von unterschiedlicher Qualität sind, haben die Mainzer ihre neuen alten Markthäuser doch ins Herz geschlossen.

Die Löwen-Apotheke erhielt schon 1980 ihr historisches Aussehen zurück. Die opulente Bemalung von 1892 wurde kopiert und auf der vorgeblendeten Fassade angebracht, allerdings durch Medaillons mit Jahreszahlen ergänzt, die Meilensteine in der Geschichte der Apotheke markieren: Von der Gründung 1598 über den Umzug an den heutigen Standort anno 1770, über den modernen Wiederaufbau 1950 bis zur Rekonstruktion der historischen Fassade 1980 spiegelt sich ihre bewegte Historie darin. Zwei neue Figuren von Kosmas und Damian aus hellem Sandstein sind seit 1980 wieder unter dem Löwen angebracht.

Domkapitular Weinert schlägt den Bogen von den spätantiken Heiligen bis in unsere Gegenwart: „Das Bildnis der beiden am Markt und ihr Ehrentitel *Die Uneigennützigen* könnte auch in unserer Zeit die Botschaft haben: für die Menschen, die Hilfe brauchen, einfach da zu sein, ohne dabei nach Gewinn und Nutzen zu fragen."

Eva Wodarz-Eichner

So geht's zu den Zwillingen:

Das heilige Brüderpaar steht als Postamentfiguren an der Fassade der ehemaligen Löwenapotheke am Markt Nr. 3.

Das Grabmal des „Schinkenandres“ besteht noch heute auf dem Mainzer Hauptfriedhof.

13

Grabmal

Mainzer Spezialität: Jeanbon oder Jambon?

Der Mainzer lässt alles stehen und liegen für Weck, Worscht und Woi, für Fleischwurst mit Wasserweck und einem guten Glas Rheinhessenwein dazu. Oder auch für einen deftigen Handkäs', gut eingelegt und mit viel Zwiebeln – alle, die es milder mögen, nehmen den Spundekäs', einen angemachten Frischkäse, dem viel Rosenpaprika seine charakteristische Lachsfarbe gibt. Wer glaubt, damit seien die Mainzer Spezialitäten aufgezählt, hat wohl noch nie vom Mainzer Schinken gehört – vielmehr vom „Jambon de Mayence“, der bis heute in Frankreich berühmt ist. Er hat eine ganz besondere Geschichte, und die ist eng verbunden mit der eines Mannes, dessen Grabmal nach wie vor in Mainz besteht: Jeanbon St. André. Dass sein Name – zumindest für Mainzer Ohren – an das französische Wort für Schinken erinnert, ist alles andere als ein Zufall. Aber der Reihe nach.

Jeanbon St. André (1749-1813) hat Mainz und das Departement nachhaltig geprägt. Der französische Präfekt war zwar zunächst unbeliebt – dass er erwogen hat, den nach preußischem Artilleriebeschuss 1793 stark beschädigten Mainzer Dom abbrechen zu lassen, war einer der Gründe dafür. Die empörten Mainzer protestierten und retteten schließlich ihren Dom.

Hiltrud Gill-Heine hat sich auf die Suche nach dem Jambon de Mayence gemacht – und ihn gefunden.

Doch St. André hatte andererseits zahlreiche Ideen, die sich zum Wohl der Stadt und der Bevölkerung auswirkten, vor allem in der Kranken- und Armenfürsorge, im Schulwesen und im kulturellen Leben. Zudem ist es St. André zu verdanken, dass der Handel in Mainz in dieser Zeit einen starken Aufschwung erlebte. Auf seine Initiative geht die Mainzer Handelskammer zurück, die gemeinsam mit der Kölner als älteste in Deutschland gilt. Während der Amtszeit des Präfekten vergrößerte sich das Mainzer Stadtgebiet: Bretzenheim und Zahlbach wurden eingemeindet.

In zwei Dekreten von 1803 verbot Jeanbon St. André die bis dahin gängige Praxis, Tote innerhalb der Stadt zu bestatten, und ließ den großen Mainzer Hauptfriedhof auf dem Gelände des ehemaligen Dalheimer Klosters anlegen. Er selbst hat 1813 auf dem Friedhof seine letzte

Ruhestätte gefunden. Das Ehrengrabmal zeigt einen trauernden Jüngling mit erloschener Fackel, einem Symbol für das erloschene Leben, neben einer Amphore. St. André starb am „Typhus de Mayence“, den französische Soldaten nach der Völkerschlacht bei Leipzig in die Stadt eingeschleppt hatten. Rund zehn Prozent der Mainzer Bevölkerung wurden damals von der Infektionskrankheit, einer Fleckfieber-Variante, ausgelöscht. Neben dem Grab gibt es noch etwas, das an ihn erinnert: Auch eine Straße ist nach ihm benannt. Sie führt zum Eingang des Mainzer Hauptfriedhofs und ist eine Reverenz an diesen von Napoleon eingesetzten Präfekten des Départements du Mont-Tonnerre, also des französischen Departements Donnersberg, der seinen Sitz in Mainz hatte.

Der Mainzer Volksmund hat dem populären Präfekten schon zu Lebzeiten einen Spitznamen verpasst: Sein Vorname „Jeanbon“ klingt durchaus ähnlich wie „Jambon“, das französische Wort für Schinken, deshalb wurde aus Jeanbon St. André auf Meenzerisch der „Schinkenandres“ („Schinken-Andreas“). Gut möglich, dass er der zu seiner Zeit weltberühmten Mainzer Spezialität, mit der die Mainzer Metzger fleißig Handel getrieben haben, zugetan war: dem Jambon de Mayence, dem Mainzer Schinken, der vor allem unter seinem französischen Namen bekannt war.

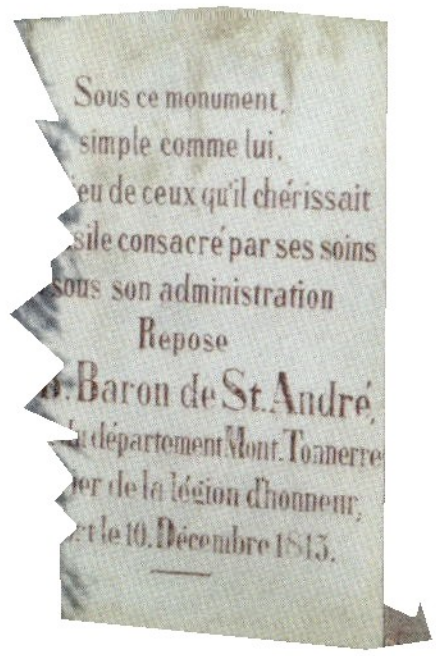

Die Grabinschrift in französischer Sprache.

„Die Betonung liegt allerdings auf *war*“, sagt Hiltrud Gill-Heine, „der Jambon de Mayence war in Mainz in Vergessenheit geraten.“ Die Stadtführerin wurde mehrfach von französischen Besuchergruppen nach dem Mainzer Schinken gefragt, die ihn kaufen und probieren wollten – und musste passen. Dabei gibt es in Frankreich sogar ein bekanntes Kinderlied, das vom Jambon de Mayence handelt. Eine Reisegruppe hat es ihr sogar vorgesungen. Hiltrud Gill-Heine war sprachlos: „Selbst meine Großmutter hat nichts vom Jambon de Mayence gewusst, obwohl die Familie enge Verbindungen nach Frankreich hatte. Und dabei hat meine Familie selber Schinken geräuchert", erzählt sie schmunzelnd.

Der Schinken und seine Geschichte ließen ihr keine Ruhe, und so machte sich die umtriebige Stadtführerin in Archiven und Chroniken auf die Suche nach dem Mainzer Schinken. Und wurde fündig: Die Spezialität war seit dem Spätmittelalter bekannt und nicht nur in der Region beliebt, sondern auch ein wahrer Exportschlager: Vor allem nach Frankreich und speziell in die Pariser Markthallen wurde der Jambon de Mayence verkauft, wo er solche Berühmtheit erlangte, dass der Name sogar andere Räucherschinken aus Deutschland einschloss. Auch literarisch ist der Mainzer Schinken verewigt: So erwähnt nicht nur der französische Renaissance-Autor Francois Rabelais (wahrscheinlich 1483-1553) den Jambon de Mayence, sondern auch Charles Dickens (1812-1870). Sogar Thomas Jefferson (1743-1826), später der 3. Präsident der Vereinigten Staaten von Amerika, soll auf einer Europa-Reise den „Mayence Ham" kennengelernt haben und begeistert von ihm gewesen sein – er hat ihn sogar in seinen *Papers* erwähnt.

„Selbst meine Großmutter hat nichts vom Jambon de Mayence gewusst, obwohl die Familie enge Verbindungen nach Frankreich hatte. Und dabei hat meine Familie selber Schinken geräuchert."

Doch urplötzlich verschwand der Mainzer Schinken aus den Metzgereien und dem Gedächtnis der Feinschmecker. Was war passiert? „Es gab wahrscheinlich zwei Gründe, die die Produktion des Mainzer Schinkens zum Erliegen brachten: Einmal die Erfindung der Kühltechnik, die das Pökeln und Räuchern eigentlich überflüssig machte. Und dann der Erste Weltkrieg, in dem man anderes zu tun hatte, als Spezialitäten zu produzieren. Damals hätte man auch gar nicht nach Frankreich exportieren können, weil sich Deutschland ja mit Frankreich im Krieg befand."

Nur noch eine Metzgerei hat in der Zwischenkriegszeit nach wie vor den Schinken hergestellt – im Zweiten Weltkrieg wurden jedoch bei den schweren Bombenangriffen auf Mainz auch diese Produktionsstätten zerstört. Der einst so berühmte Jambon de Mayence geriet in Vergessenheit.

Bis die französischen Reisegruppen in den 1980er-Jahren bei Hiltrud Gill-Heine Stadtführungen durch Mainz machten und nach dem Schinken fragten. „Von dem Moment an hat es mich gepackt – ich wollte dieses Kulturgut wieder nach Mainz zurückholen", erinnert sie sich. Eine mühsame Suche begann. Tatsächlich wurde sie fündig und hat zunächst die Geschichte der Mainzer Spezialität nachvollziehen können, wenn auch das Rezept verschollen blieb. Noch 2005 waren verschiedene Mainzer Metzger daran interessiert, den Schinken wieder herzustellen, doch ohne Rezept war das unmöglich. Hiltrud Gill-Heine gab nicht auf: Sie wälzte alte Kochbücher, besuchte abermals französische Bibliotheken und entdeckte 2007 in Metz das Rezept:

„Ich wollte dieses Kulturgut wieder nach Mainz zurückholen."

Der rohe Schinken wird gesalzen, gewürzt und anschließend neun Monate getrocknet. „Der Jambon de Mayence wird in Wein eingelegt, der mit Wacholderbeeren gewürzt ist", verrät Hiltrud Gill-Heine.

Der Mainzer Metzgermeister Peter Walz hat das Rezept ausprobiert. Es brauchte einige Zeit, bis er herausfand, worauf es beim Jambon de Mayence tatsächlich ankommt. Herausgekommen ist ein Slow Food Produkt, das langsam zur Reife gebracht wird. Verschiedene Mainzer Weinstuben und Restaurants bieten heute den Jambon de Mayence an, und natürlich ist der Schinken in den Metzgerei-Geschäften von Peter Walz erhältlich. Jeanbon St. André hätte ihn sicherlich gern probiert.

Eva Wodarz-Eichner

So geht's zum Grabmal:

Die Jeanbon-St. André-Straße geht von der Unteren Zahlbacher Straße ab und führt zum Hauptfriedhof. Das Grabmal des Präfekten ist direkt auf der Rückseite der Trauerhalle in der Nähe des Eingangs zu finden.

Schöfferhof
Dreikönigs
Hof
6
Kästrich

14

Druckermarke

Die Schöfferhofer Weiße und ihr Name

Klar, Schöfferhofer kennt man landauf, landab. Schließlich ist das schäumende Getränk eine der beliebtesten Weizenbiermarken in Deutschland. Dass das Bier und sein Name eine ganz enge Verbindung zu Mainz haben, ahnen heute aber wohl nur die wenigsten. Nur wer genau aufs Etikett schaut, bemerkt dort das kleine Porträt von Peter Schöffer (etwa 1425-1503), dem Gutenberg-Mitarbeiter und späteren Verleger und Buchhändler. Und links und rechts von ihm zwei Symbole. Sie sehen aus wie Wappen, sind aber etwas ganz Besonderes: „Das ist die Druckermarke von Peter Schöffer", erzählt Inken Küpper. „Nur ist die Druckermarke auf den Schöfferhofer-Bierflaschen spiegelverkehrt abgebildet."

Druckermarken, auch Druckerzeichen genannt, waren eine Art früher Urhebernachweis, sozusagen das Echtheitszertifikat einer renommierten Druckwerkstatt. Sie sollten vor geschäftsschädigendem Nachdruck schützen und hatten daher oft ein offizielles, siegel- oder wappenähnliches Aussehen. Genutzt hat das allerdings wenig, so dass sie in der Folgezeit eher dekorativen Zwecken dienten. Und prächtig ist auch die Druckermarke von Peter Schöffer, die er schon mit seinem früheren Partner Johannes Fust (um 1400-1466) nutzte. Als so genanntes „Allianzwappen" verweist es auf die beiden Buchdruck-Pioniere.

Wie Peter Schöffer aussah, ist heute leider ebenso wenig bekannt wie bei seinem Mentor Johannes Gutenberg (um 1400-1468). Deshalb orientiert man sich auf den Bierflaschen eben an der – gänzlich fiktiven – Darstellung des Schöffer-Denkmals von 1836 in dessen südhessischer Geburtsstadt Gernsheim. Zwischenzeitlich war auf den Flaschen auch mal ein anderes, ebenso frei erfundenes Schöffer-Porträt zu sehen, das ihn deutlich korpulenter zeichnete – vielleicht war es nicht mehr das richtige Bild in unserer Fitness-freudigen Zeit.

Wie aber hat es der europaweit berühmte Buchdrucker und Verleger des späten 15. Jahrhunderts mit seinem Pseudo-Porträt auf die

Weizenbier made in Mainz: Inken Küpper kennt die lange Mainzer Brautradition - wie hier auf dem Kästrich.

Bierflaschen von heute geschafft – wo er doch selbst mit dem Bierbrauen überhaupt nichts am Hut hatte?

Das ist in der Tat eine längere Geschichte, aber die Stadtführerin, Geografin und Biersommelière Inken Küpper kennt sie bis in alle Feinheiten: „Die Geschichte beginnt am ‚Hof zum Humbrecht' in der Mainzer Innenstadt", erzählt die Expertin. Dieses – heute nicht mehr erhaltene – Gebäude an der Schusterstraße 18-20 erwarb Peter Schöffer um 1470/71 als Druckereigebäude. Zumindest ein Treppenturm in der Fußgängerzone Am Brand hat glücklicherweise die Zeitläufte und Kriegszerstörungen überdauert, und ein eingelassener Gedenkstein mit Peter Schöffers markanter Druckermarke, hier natürlich richtig herum, erinnert bis heute an die historische Bedeutung des Hauses. Auch die bekrönende metallene Wetterfahne ist mit der Druckermarke geschmückt.

Richtig herum: die Druckermarke an der Hauswand.

Wenige Jahre später erwarb Schöffer auch das nahegelegene „Haus zum Korb", Am Brand 6, das ehemalige Stammhaus der Patrizierfamilie zum Korb. Nach schweren Kriegszerstörungen wurde das spätgotische Patrizierhaus mit seinem markanten Erkerturm und dem schlanken Treppengiebel glücklicherweise zumindest äußerlich wiederhergestellt und ist damit nun ein historisches Schmuckstück in der architektonischen Tristesse des modernen Wohn- und Einkaufskomplexes. Jedenfalls bildeten fortan beide Häuser – nun bekannt als „Schöfferhof-Dreikönigshof" – das Domizil für die florierende Druckerwerkstatt.

Nach Schöffers Tod begann die Brauereigeschichte – immerhin ist Mainz jahrhundertelang nicht nur für seinen Wein, sondern auch für sein gutes Bier bekannt: Sein Sohn verkaufte das Haus zum Korb 1512 an einen Mann namens Johann Koch, der hier eine Gasthaus-Brauerei einrichtete. Mehrfach wechselten in den folgenden Jahrhunderten die Eigentümer, doch der Brauereibetrieb im „Gasthof zum Schöfferhof" bestand unverändert weiter.

„Irgendwann reichte der Schöfferhof dann nicht mehr aus", erzählt Inken Küpper weiter. Als das gotische Haus im späten 19. Jahrhundert endgültig zu eng wurde, blieb nur das Brauerei-Gasthaus dort, die Produktion hingegen zog in ein damals hochmodernes Gebäude auf dem Kästrich. Auch dieser Ziegelsteinbau von 1889 in der Martinsstraße 11 ist heute noch erhalten – seine Fassade ziert die stolze Aufschrift *Brauerei Schöfferhof-Dreikönigshof*. Zeitweise war die Brauerei sogar die zweitgrößte der Stadt – nach der Mainzer Actien-Bierbrauerei (MAB), die ganz in der Nähe auf dem Kästrich ihren Sitz hatte. Aber schon 1905 fusionierte sie mit der Frankfurter Bürgerbräu Actien-Gesellschaft, 1921 erfolgte dann eine weitere Fusion mit der Frankfurter Binding-Brauerei.

Es war der Anfang vom Ende der Mainzer Brautradition: „Bis in die 1970er-Jahre wurde noch in Hechtsheim gebraut", weiß die Stadtführerin. Dann kam im Zuge der Rationalisierung auch das Aus für diesen Standort, produziert wurde fortan in Frankfurt. Doch der Name lebte weiter – als Weizenbiermarke, die von Binding in den 1970er-Jahren neu auf den Markt gebracht wurde. „Schöfferhofer ist dadurch heute das einzige hessische Weißbier", erzählt Inken Küpper. Mittlerweile ist Schöfferhofer – erweitert um fruchtige Biermischgetränke – im Oetker-Konzern eine Kernmarke der Radeberger Gruppe, zu der auch Binding heute gehört.

Und Schöffers Druckermarke wird nach wie vor millionenfach auf die Bieretiketten gedruckt. Wenn auch spiegelverkehrt.

Karsten Eichner

So geht's zur Druckermarke:

Das plastische Abbild der Druckermarke befindet sich leicht erhöht am Treppenturm des Humbrechtshofs mitten in der Fußgängerzone Am Brand. Gegenüber und nur wenige Meter entfernt steht das „Haus zum Korb", Am Brand 6.

KCK
RECHTS DES RHEINS
IST AUCH NOCH MAINZ

15

Brille

Rechts des Rheins ist auch noch Mainz

Dass eine Brille ein Denkmal bekommt – oder vielmehr: eine Brille Bestandteil eines Denkmals ist – hat schon was Närrisches. Passt also perfekt in die Fastnachtshochburg Mainz und zu denen, die der Brille das Denkmal errichtet haben: Der KCK, also der Karneval-Club Kastel, hat zu seinem 50. Vereinsjubiläum der Stadt Mainz und ihren Bürgern das Denkmal geschenkt, das im Stadtpark beim Eingang zum Parkhotel Favorite steht. Von dort aus bietet sich ein wunderbarer Blick auf das Stadtpanorama von Mainz mit dem Dom als Zentrum.

Auf der anderen Rheinseite liegt Hessen – und Mainz-Kastel. Dieser Stadtteil ist nicht nur die Heimat des KCK, sondern er gehört ebenso wie Mainz-Amöneburg und Mainz-Kostheim seit 1945 zu Wiesbaden, was seitdem ein wunder Punkt im Herzen jeden Mainzers und vor allem der Einwohner von „AKK" ist. „Mit dem Denkmal macht der Karneval-Club Kastel einen Brückenschlag hinüber in die Vaterstadt Mainz und zeigt die Verbundenheit der Menschen links und rechts des Rheins", sagt Cornelia Bärsch-Kämmerer. Die Stadtführerin erklärt, wie es zu der Abtrennung der „AKK"-Stadtteile von Mainz kam: „Nach dem Zweiten Weltkrieg lagen die Vororte Amöneburg, Kostheim und Kastel in der amerikanischen Besatzungszone, Mainz in der französischen. Der Rhein bildete die Grenze. Daher wurden im Juli 1945 die rechtsrheinischen Stadtteile durch Anordnung der amerikanischen Besatzungsmacht der Stadt Wiesbaden unterstellt und gehören seitdem zur hessischen Landeshauptstadt." Klar, dass das in Mainz nicht so einfach akzeptiert wurde – immer wieder gab und gibt es darüber Debatten, und besonders in der Mainzer Fastnacht werden (nicht nur) deshalb gern die verbalen Keulen in Richtung Wiesbaden geschwungen.

Fastnacht ist das richtige Stichwort für das KCK-Denkmal, das 1997 aufgestellt wurde: Vom Mainzer Steinmetz Kurt Lenz geschaffen,

Cornelia Bärsch-Kämmerer kennt sich mit der Geschichte des KCK aus.

zeigt es den Schriftzug *KCK* sowie die Wappen von Mainz und von Kastel – das Doppelrad und die Jakobsmuschel – über den angedeuteten Wellen des Rheins und der Inschrift *Rechts des Rheins ist auch noch Mainz*. Das Motto des Vereins ist mittlerweile längst ein Sprichwort in Mainz geworden. Über allem thront die steinerne Narrenkappe, während eine Brille mit dickem Rand oberhalb der Wellen des Flusses zu sehen ist. Insider kennen sie: Die markante schwarze Hornbrille war das Markenzeichen der Fastnachts-Ikone Rolf Braun (1929-2006), der nicht nur Gründungsmitglied des KCK war, sondern auch knapp 44 Jahre dessen Sitzungspräsident. „Natürlich stieg Braun – mit Hornbrille! – auch selbst in die Bütt und hat sich ebenso als Liederdichter und Programmgestalter einen Namen gemacht", erzählt Cornelia Bärsch-Kämmerer.

Weit über Mainz hinaus bekannt wurde Rolf Braun durch die jährlich am Freitag vor Rosenmontag ausgestrahlte Fernseh-Fastnachtssitzung „Mainz bleibt Mainz, wie es singt und lacht", die er bis 1989 als Sitzungspräsident geleitet hat. Die „Mutter aller Fernsehsitzungen", eine Gemeinschaftsveranstaltung der Traditionsvereine MCV (Mainzer Carneval-Verein), MCC (Mainzer Carneval Club), GCV (Gonsenheimer Carneval-Verein) und KCK, wird seit 1973 abwechselnd von den öffentlich-rechtlichen Sendern SWR (für die ARD) und ZDF ausgestrahlt und ist noch heute das erfolgreichste Format der Fernseh-Fastnacht. Sie hat Mainz als Fastnachtshochburg im ganzen deutschsprachigen Raum populär gemacht und ihre Sitzungspräsidenten gleich mit dazu – heute brilliert Andreas Schmitt nicht nur als Präsident des närrischen Komitees, sondern auch in seiner Paraderolle als „Obermessdiener im Hohen Dom zu Mainz".

Die Brille von Fastnachts-Ikone Rolf Braun darf auf dem KCK-Denkmal nicht fehlen.

Rolf Braun hatte, als er 1973 die Präsidentenschelle in der ersten Sendung übernahm, bereits Erfahrung als Sitzungspräsident im Vorläufer-Format des ZDF unter dem Titel „Mainz bleibt Mainz", das seit 1965 ausgestrahlt wurde. Legendär wurde Brauns Frage an das Saalpublikum, wenn er die nächste Nummer angekündigt hatte: „Wolle mer'n eroilosse?" Und natürlich haben die begeisterten Närrinnen und Narrhallesen im Saal lautstark mit „Eroi mit'm!" oder „Eroi mitterer!" geantwortet. Das tun sie übrigens noch immer – denn dieses rhetorische Frage-Antwort-Spiel ist längst Kult bei allen Mainzer Fastnachtssitzungen, ebenso wie der Narrhallamarsch und der jährlich neu gestaltete „Hausorden" jedes Vereins, der dem Redner, dem Sänger oder auch den Tänzern nach erfolgreichem Auftritt umgehängt wird. Mit einem „dreifach donnernden Helau" und der typisch Mainzer Wegzehrung aus Weck, Worscht und Woi wird er verabschiedet (siehe Geheimnis 03), bevor der nächste die närrische Rostra betritt und das vierfarbbunte Spiel von Neuem beginnt – etliche Male an einem Abend, denn noch etwas haben alle Mainzer Fastnachtssitzungen gemeinsam: Sie enden erst nach mindestens fünf oder sechs Stunden und immer mit einem fulminanten Finale.

Doch zurück zum Denkmal, das also nicht nur ein Denkmal für den Karneval-Club Kastel ist, sondern ebenso für Rolf Braun. Fastnacht wäre eben nicht Fastnacht, wenn die Dinge nicht auch mal buchstäblich durch eine andere Brille gesehen würden. Und so gibt es die stattliche Stele nicht nur im Stadtpark, sondern auch im Kleinformat: „Heute wird mit einer Mini-Version des Denkmals eine hohe Auszeichnung des Clubs an verdienstvolle Mitglieder vorgenommen", erklärt Cornelia Bärsch-Kämmerer.

Übrigens: Die originale Hornbrille von Rolf Braun ist im Mainzer Fastnachtsmuseum ausgestellt.

Eva Wodarz-Eichner

So geht's zur Brille:

Das KCK-Denkmal steht im Stadtpark gleich am Eingang des Parkhotels Favorite.

16

Pumpenhäuschen

Wasser für die Innen-, Wärme für die Oberstadt

Vorbeigefahren sind daran vermutlich schon sehr viele. Und womöglich hat sich der eine oder andere auch darüber gewundert, was für ein kleines Häuschen da einsam rechts der Fahrbahn zwischen Römerwall und Augustusstraße steht. „Wir nennen es das Wasserschlösschen", lacht Rainer Sauer. Der Vorsitzende des Vereins „Mainzer Unterwelten" kennt die Geschichte der Stadt Mainz bis in die kleinsten Facetten – auch die des pittoresken „Wasserschlösschens".

Dabei ist das neobarocke Pumpenhäuschen sogar jünger als gedacht. Es wurde erst um 1927 als Zugang zu dem darunterliegenden Wasserreservoir gebaut. Damals gab es in diesem Bereich massive Erdaufschüttungen. „Machen wir halt ein schönes, repräsentatives Häuschen obendrauf", umreißt Sauer die Intention der damals Verantwortlichen. Und so steht das Pumpenhäuschen seit fast 100 Jahren in barocker Anmutung da, kaisergelb gestrichen, mit roter Sandsteinbalustrade, eleganten ovalen Fenstergittern und einem geschwungenen, schiefergedeckten Dach. Sein Inhalt ist freilich weitaus profaner, beherbergt es doch heute Revisions- und Entlüftungsmöglichkeiten für die Mainzer Fernwärmeleitungen.

Der Untergrund des Pumpenhäuschens ist hingegen historischer Boden, der vor allem Spuren aus dem 19. Jahrhundert birgt. Nachdem Napoleon besiegt war und die Franzosen 1814 aus Mainz abzogen, wurde die Stadt im Jahr darauf zur „Bundesfestung" des 1815 gegründeten Deutschen Bundes erklärt und zu einem schwer bewaffneten militärischen Bollwerk gegen Frankreich ausgebaut. „In dieser Zeit wurden verschiedene Baumaßnahmen unternommen", weiß Sauer. Dazu gehörte beispielsweise eine geregelte Trinkwasserversorgung für Stadt und Garnison. Hier knüpfte man an römische Traditionen an, als ein Aquädukt über dem Zahlbachtal – dessen letzte Relikte die so genannten „Römersteine" sind – Wasser von der Finther Römerquelle

Experte für das „Wasserschlösschen" und dessen Unterwelt: Rainer Sauer.

bis auf den Kästrich transportierte. Versorgungstechnisch erwies sich der oberhalb der Innenstadt gelegene Bereich unter dem heutigen Pumpenhäuschen als ideal. „Etwa um 1830 wurde an dieser Stelle ein Hochbehälter angelegt", erzählt Sauer.

Genau genommen bestand dieser sogar aus zwei Becken – einem fürs Militär und einem zweiten, etwas größeren, für die zivilen Bewohner der Stadt. „Als Erstes wurde hier das Bischöfliche Ordinariat angeschlossen", schmunzelt Sauer. Gespeist wurde der Hochbehälter durch mehrere Leitungen aus der heutigen Oberstadt.

Der Eisenbahnbau rund 50 Jahre später trennte dann das Reservoir von der Innenstadt. „Beim Bau des Hauptbahnhofs 1884 wurde der Hang abgeschnitten", erläutert Sauer. Heute ist der damalige Eingriff noch gut von der Alicenbrücke, die über die Gleise führt, zu sehen. „Es sieht aus, als hätte man den Hang an dieser Stelle ein Stück weit weggenommen wie mit einer riesigen Tortenschaufel", sagt Sauer. Doch auch die damals modernen Dampflokomotiven brauchten Wasser, und so versorgte das Reservoir fortan vor allem den Hauptbahnhof und die umgebenden Straßenzüge.

„Das ist der Bereich der Stadt, der vermutlich am meisten umgebaut wurde", mutmaßt Rainer Sauer. Als schließlich erneute Erdaufschüttungen die alten Becken bedeckten, wurde ein neuer Zugang nötig, eben in Form des neobarocken Pumpenhäuschens. So steht es bis heute am Hang oberhalb des Hauptbahnhofs. Und mancher, der daran vorbeifährt, wird es künftig wohl mit anderen Augen betrachten.

Karsten Eichner

So geht's zum Pumpenhäuschen:

Das Pumpenhäuschen befindet sich am „Römerwall" oberhalb der Kreuzung „Am Linsenberg". Vom Hauptbahnhof und dem City-Port-Parkhaus sind es nur wenige Gehminuten.

Bewusst verrutscht: Der Dachaufbau erinnert an die Container-Gebirge im Zollhafen.

17

112-Schriftzug

Feuerwache mit Containern auf dem Dach

Wer die Rheinallee oder den Kaiser-Karl-Ring entlangfährt, dem fällt sie an der strategisch günstigen Straßenkreuzung sofort ins Auge: die moderne Feuerwache 2 der Mainzer Berufsfeuerwehr. Auf der Spitze des weiß verputzten Gebäudekomplexes scheint ein massiver Block aus feuerroten Überseecontainern zu thronen. Doch seltsam: Warum ist ihre weiße Aufschrift *112* für die Notruf-Telefonnummer optisch so zerrissen – fast so, als seien die Container nach dem Lackieren versehentlich nicht exakt aufeinandergestapelt worden?

Die Begründung dafür liegt ganz in der Nähe der Wache, am historischen Mainzer Zollhafen, wo schon seit Jahrzehnten die Container in bunten Reihen aufgetürmt worden sind – gerade so, wie sie ankamen oder wieder benötigt wurden. Mit ihrem roten, an ein Container-Ensemble erinnernden Gebäudeabschluss schufen die Architekten so eine gewollte optische wie gedankliche Verbindung. „Die Stapelstruktur wird durch die nicht passend übereinander gestellten Container mit der versetzten Beschriftung verstärkt", erläutert Markus Stark vom Büro STARKARCHITEKTEN aus Siegen. Die solcherart verzerrte *112* ist also beileibe kein Versehen, sondern durchaus gewollt – und seit Jahren ein „Hingucker" an der Straßenecke.

Der fensterlose, metallverkleidete „rote Würfel" auf dem Dach der Feuerwache beherbergt die Technikzentrale und die Heizung des Baukomplexes und ist die weithin sichtbare Visitenkarte der Mainzer Feuerwehr. „‚Verschachtelt zu einem Verbund' fungiert der Neubau selbstbewusst und markant als Stadteingang an der weitläufigen Kreuzung", heißt es bei den Architekten. In Blockrandbebauung entstand an der Straßenkreuzung rund um einen zentralen Betriebshof ein hochmoderner Funktionsbau mit fast 10.000 Quadratmetern Nutzfläche für Berufs- und Freiwillige Feuerwehr. Die gläsernen Tore erlauben Neugierigen dabei einen guten Blick auf die Einsatzfahrzeuge.

Die Anfänge des modernen Feuerwehrwesens in Mainz liegen im 19. Jahrhundert. Ihre erste große Bewährungsprobe hatten die Männer nach der verheerenden Pulverturm-Explosion im Jahr 1857 (siehe Geheimnis 01), die weite Teile der Kästrich-Bebauung zerstörte. 1864 wurde bereits die erste Nacht-Feuerwache eingerichtet. Aber erst 1906 gründete sich die Mainzer Berufsfeuerwehr. Die erste Wache befand sich in der Neubrunnenstraße, 1962 folgte ein Neubau am Barbarossaring. Um auch die zu der Zeit eingemeindeten Stadtteile im Südwesten anzubinden, entstand 1991 eine Wache in Bretzenheim. Zwischen 2010 und 2014 folgte dann schließlich die Feuerwache 2 mit ihren markanten roten Containern auf dem Dach.

Karsten Eichner

So geht's zum 112-Schriftzug:

Die Feuerwache befindet sich am Kaiser-Karl-Ring 38, Ecke Rheinallee.

In elysischen Sphären wähnt sich, wer die Stuckdecke in der Toreinfahrt des Hauses zum Römischen Kaiser betrachtet.

18

Stuckdecke

Sinnesfreuden im Tonnengewölbe

Freche Putten tummeln sich zwischen hübschen Mädchen und muskulösen Jünglingen, Rosetten und Masken, Schwäne und Greife sorgen für ein opulentes Gewimmel in strahlendem Weiß, herrschaftlich prangen Wappen in bunten Farben über der barocken Herrlichkeit: Kaum weiß man, wohin man zuerst schauen soll. Die prächtige Stuckdecke im Haus zum Römischen Kaiser zierte eine Tordurchfahrt und dürfte von denen, die in den Kutschen saßen, kaum wahrgenommen worden sein. Und das, obwohl es hier so viel zu sehen gibt: Die Figuren – mal in antikisierende Gewänder gekleidet, mal gleich in elysischer Nacktheit zu bewundern – stemmen durchaus traditionell die Decke, halten Rosetten oder sich gegenseitig an den Händen. Oder auch nicht – die eine oder andere Hand füttert auch einen der Löwen, die sich mit in die Szene gesellt haben, spielt mit einem Fabelwesen oder verirrt sich an die bloße Brust der Geliebten.

„Die frivolen Figuren lassen einen staunen. Sie sind wunderbar anzusehen, und man muss dafür nur den Kopf heben", sagt Stadtführerin Claudia Strehl begeistert. Die Stuckdecke präsentiert sich dem Betrachter völlig unverhofft, denn in der Durchfahrt hätte man sie kaum erwartet. „Das barocke Deckengewölbe stammt von Domenico Rossi aus dem Jahr 1665 und gilt als beste Deckenstuckatur ihrer Zeit in Mainz", erklärt sie. Die Tordurchfahrt befindet sich im Haus „Zum Römischen Kaiser", das in der zweiten Hälfte des 17. Jahrhunderts erbaut wurde. Und das gleichsam als Sinnbild der Hoffnung: Im Dreißigjährigen Krieg (1618-1648) hat Mainz schwere Schäden davongetragen. Der „Römische Kaiser", dessen Entstehung bereits 1653 mit dem Bau des Hofs zum Englischen König westlich zum Markt hin auf dem Gebäudekarree begann, markierte den Neuanfang – er war das erste größere Gebäude, das nach dem verheerenden Krieg in Mainz erstanden ist. „Und was für eines!", schwärmt Claudia Strehl: „Es ist mein Lieblingsgebäude in Mainz." Damit dürfte sie nicht allein sein – denn der prächtige Spätrenaissance-Komplex zieht mit seiner aufwendig gestalteten Fassade und seiner freundlichen rot-weißen Farbgebung viele Blicke auf sich. Zur Zeit seiner Entstehung war es das reichste Bürgerhaus in der Stadt,

Claudia Strehl ist begeistert von den Details der prächtigen Stuckdecke.

gebaut für den kurfürstlichen Rat, Rentmeister und Großkaufmann Edmund Rokoch. Zunächst entstand ganz in der Tradition der bürgerlichen Giebelhäuser der westliche Gebäudeteil. Ab 1657 wurde dann das spiegelbildlich gestaltete zweite Giebelhaus auf dem Ostteil des heutigen Grundstücks errichtet, bevor der prächtige Gebäudekomplex durch den Mittelbau ergänzt wurde, der beide Flügel miteinander verbindet. Als Name des Privatpalais ist „Zum Marienberg" überliefert. Über der Tordurchfahrt in der Mitte befindet sich bis heute die Portalfigur eines Kaisers. „Man geht davon aus, dass hier Karl VI. nach den Türkenkriegen dargestellt wird", erklärt Claudia Strehl. Das auffällige Gebäude diente in der Stadt vielfach als architektonisches Vorbild und hat beispielsweise die Gestaltung des Bischöflichen Palais oder des Schönborner Hofs beeinflusst.

Ab 1742 war das Palais ein Hotel, das den noch heute verwendeten Namen „Zum Römischen Kaiser" trug. „Es dürfte eines der besten Hotels in Mainz gewesen sein, auf jeden Fall ist die Gästeliste illuster", meint die Stadtführerin, „Goethe, Mozart und Voltaire sind unter vielen anderen im Römischen Kaiser abgestiegen."

Im 20. Jahrhundert bekam das Gebäude eine ganz neue Bestimmung: Das Gutenberg-Museum wurde im Römischen Kaiser untergebracht – 1927 eröffneten die ersten beiden Räume, bevor ab 1932 das ganze Haus als Museum diente. Schon damals wurde die Gutenberg-Werkstatt rekonstruiert, um den Besuchern anschaulich die geniale Erfindung des unbestritten berühmtesten Mainzers näherzubringen: Johannes Gutenberg (1400-1468) erfand den Buchdruck mit beweglichen Lettern – das heißt, die einzeln in Metall gegossenen Buchstaben wurden zu Texten gesetzt und dann gedruckt. Vorher mussten Holzschnitte mit mühsam eingeschnitzten ganzen Texten angefertigt werden, die dann vervielfältigt wurden – ohne die Möglichkeit, etwas zu verändern. Dank Gutenbergs genialer Erfindung konnten die Buchstaben beliebig oft wiederverwendet und zu

„Es dürfte eines der besten Hotels in Mainz gewesen sein, auf jeden Fall ist die Gästeliste illuster. Goethe, Mozart und Voltaire sind unter vielen anderen im Römischen Kaiser abgestiegen. "

immer neuen Texten zusammengesetzt werden. Zudem nutzte Gutenberg – eigentlich Johannes Gensfleisch – ein modernes technisches Verfahren, das das Procedere weiter enorm vereinfachte: Er färbte die Lettern mit der Druckerfarbe ein und nutzte dann das Prinzip der Weinpresse, indem die Buchstaben mit hohem, gleichmäßigem Druck auf das angefeuchtete Papier gepresst wurden. Das Ergebnis war überzeugend, der Erfolg der neuen Technik phänomenal. Auf dem Reichstag von Frankfurt von 1454 legte Gutenberg erstmals einige Seiten seiner nach dem neuen Verfahren gedruckten Bibeln vor. Er druckte auch Ablassbriefe und verschiedene Bücher, unter anderem eine lateinische Grammatik. Gutenberg starb 1468 in Mainz und wurde in der Franziskanerkirche beigesetzt. Heute ist die Kirche zerstört und mit ihr auch sein Grab.

Zerstört wurde während des Zweiten Weltkriegs auch das Gutenberg-Museum: Das Haus Zum Römischen Kaiser brannte völlig aus. Glücklicherweise konnten die Exponate vorher sichergestellt werden. Das Gebäude wurde 1960/61 restauriert und mit einem modernen Anbau ausgestattet. Beide Gebäude beherbergen heute das „Weltmuseum der Druckkunst".

Übrigens: Bei einem schweren Wasserschaden im Jahr 2009 wurde auch die prachtvolle Stuckdecke in der Tordurchfahrt in Mitleidenschaft gezogen: Sogar einzelne Teile der Stuckatur fielen dabei ab. Mittlerweile sind die Schäden aber wieder beseitigt und die Stuckdecke strahlt – erneut – in voller Schönheit.

Eva Wodarz-Eichner

So geht's zur Stuckdecke:

Die Stuckdecke befindet sich in der Durchfahrt des Hauses Zum Römischen Kaiser am Liebfrauenplatz, das heute das Gutenberg-Museum beherbergt.

Führt geradewegs rein in den Rhein: die NATO-Rampe.

19

NATO-Rampe

Rheinquerung für den militärischen Ernstfall

Sie sieht aus wie eine ganz normale, leicht abschüssige betonierte Rampe am Flussufer. Davon gibt es an deutschen Binnengewässern viele, um beispielsweise Sportboote per Trailer zu Wasser zu lassen. Auffällig ist allerdings: Genau auf der gegenüberliegenden Rheinseite, bei Ginsheim, existiert ein gleiches Bauwerk gewissermaßen als Gegenstück. Waren dort auch Freizeitkapitäne am Werk? Nein, das Bauwerk hat eine ganz andere Geschichte!

„Hier handelt es sich um eine so genannte NATO-Rampe", weiß Marcus Friebertshäuser. Der gebürtige Mainzer und bekennende Technik-Fan kennt sich mit den näheren Hintergründen dieses unscheinbaren Betonbauwerks aus, das in korrektem Beamtendeutsch auch „Ersatzübergangsstelle" heißt. Es ist ein Kind des Kalten Krieges und hat – trotz des beinahe friedlichen Aussehens – strategisch-militärische Bedeutung.

Denn im Kriegs- oder Verteidigungsfall stellen breite Flüsse fast unüberwindliche Hindernisse für jede militärische Operation dar. Sind die Brücken zerstört – wie dies beispielsweise 1945 gegen Ende des Zweiten Weltkriegs der Fall war – ist die Flussüberquerung nur noch unter großen Mühen möglich. Die betonierten NATO-Rampen, die an vielen strategischen Stellen in Deutschland errichtet wurden, sollten hier Abhilfe schaffen. Denn mit ihnen ist es möglich, Panzer oder anderes schweres Militärgerät schnell und unkompliziert mit Amphibienfahrzeugen, Landungsfahrzeugen oder Pontonbrücken über die Flüsse zu befördern. Die auf schwere Lasten ausgelegten Rampen, die stets an das öffentliche Straßennetz angeschlossen sind, ermöglichen so einen vergleichsweise problemlosen behelfsmäßigen Flussübergang. „Daher auch der offizielle Name", so Friebertshäuser. „Mit der Ersatzübergangsstelle hätte die nahe gelegene Autobahn A60 weiter militärisch genutzt werden können, auch wenn die Weisenauer Autobahnbrücke zerstört gewesen wäre."

Heute dient die NATO-Rampe – in Mainz sind es sogar gleich zwei schiefe Ebenen, die wenige Meter voneinander entfernt in den Fluss führen – eher friedlichen Zwecken. Angler nutzen sie ebenso wie Sportbootfahrer. Und kaum jemand macht sich vermutlich noch über die militärischen Hintergründe des Bauwerks große Gedanken: Es sieht einfach zu harmlos aus. Weitere NATO-Rampen in der näheren Umgebung gibt es beispielsweise auch in Oppenheim und Budenheim. Auch an den Flussufern von Main, Neckar, Mosel, Saar und Weser existieren ähnliche Objekte.

Karsten Eichner

So geht's zur NATO-Rampe:

Sie liegt am Rheinufer in Mainz-Laubenheim flussaufwärts der Weisenauer Autobahnbrücke. Zufahrt von der B9 (Ausfahrt Laubenheim) über Dammweg und Rheinstraße.

Hier ist immer Mitternacht: Der Name des Gässchens hat schon viele Mainzer und Mainz-Besucher zum Grübeln gebracht.

20

Straßennamen

Schlafmützen, Störche und Örtlichkeiten

Er klingt geheimnisvoll, nach Sternenhimmel und dem vielbesungenen Mainzer (Narren)-Firmament: Der Name der kleinen Gasse hinter der Sankt-Peters-Kirche lautet „Mitternacht" – romantisch, mysteriös und ein bisschen unheimlich. Haben sich hier in früheren Zeiten mitten in der Nacht finstere Gestalten getroffen, um dunkle Geschäfte zu planen und am besten gleich auszuführen? Oder war das Gässchen eher der Ort für amouröse Abenteuer?

„Weder das eine noch das andere", sagt Dr. Rita Heuser schmunzelnd. Die Sprachwissenschaftlerin hat in ihrer Dissertation die Mainzer Straßennamen erforscht und kann den rätselhaften Namen „Mitternacht" schnell entzaubern: „Der Begriff *Mitternacht* meint bei Örtlichkeiten nicht die Tages- oder Nachtzeit, sondern steht bildlich für im Norden liegende Grundstücke." So gibt es andererseits den

Namen *Mittag* für südlich gelegene Grundstücke, wenn auch nicht in Mainz. „Und auch *Winter* und *Sommer* bedeuten in Örtlichkeitsnamen Norden und Süden“, weiß Rita Heuser. Belegt ist der Name erstmals im 14. Jahrhundert. Damals stand an dieser Stelle der Hof „Zur Mitternacht“, der heute längst vergessen ist.

Übrigens: Die „Mitternacht“ mündet in die „Mitternachtsgasse“. So manchen Ortsunkundigen dürfte das nicht nur zu nächtlicher Stunde verwirrt haben. Der echte Meenzer nimmt's mit Humor. Den braucht er auch, wenn es um die „Betzelsstraße“ geht: Nicht wenige gehen nämlich dem rheinhessischen Wort „Betzel“ auf den Leim, wenn sie den Straßennamen interpretieren wollen, und sind dabei ganz schön auf dem Holzweg. Doch der Reihe nach.

Mit der französischen Vergangenheit in Mainz ist das so eine Sache. Mehrfach von Frankreich besetzt, stand die Stadt von 1792 bis 1814 fast ununterbrochen unter französischer Herrschaft: Rund 20.000 Soldaten nahmen 1792 die Stadt ein, die sich kampflos ergeben hatte, und wurden zu großen Teilen bei der Bevölkerung einquartiert, die in etwa genauso viele Häupter zählte. Die Mainzer mussten mit den Franzosen auskommen, und auch wenn man alle politischen Wirren der folgenden Jahre außer Acht lässt, ist klar, dass diese Zeit prägend war für die Stadt und ihre Einwohner. Nicht nur, weil die Soldaten etliche Liebschaften hatten und demzufolge viele Mainzer Kinder geboren wurden, die einen französischen Vater hatten – die Franzosen haben auch sprachlich etliche Spuren hinterlassen. So haben sich verschiedene meenzerisch-bagatellfranzösische Begriffe erhalten, beispielsweise die „Kinnerschees“ für den Kinderwagen (von „Chaise“), das „Trottwaa“ für den Bürgersteig (von „Trottoir“) und viele andere.

Die Betzelsstraße hat rein gar nichts mit Schlafmützen – rheinhessisch „Betzeln“ – zu tun.

Manchmal wurde aber auch ganz bewusst übersetzt – und das konnte ganz schön schiefgehen – wie im Fall der heute so bezeichneten Betzelsstraße. „In einem Mainzer Straßenverzeichnis aus dem Jahr 1800 wurden die Straßennamen ins Französische übersetzt. Darin steht ‚Rue de Bonnets' als Übersetzung für die damalige Betzelsgasse", sagt Rita Heuser. „Diese Übersetzung bezieht sich auf das im rheinhessischen Dialekt bekannte Wort *Betzel* für Haube." Betzeln wurden damals häufig als Nachtmütze getragen. Ganz offensichtlich informierten die Mainzer den Dolmetscher über diese Bedeutung – und irrten dabei selbst. „Denn tatsächlich hat der Straßenname gar nichts mit Hauben zu tun", erklärt Rita Heuser: „Das zeigt sich schon daran, dass im Straßennamen immer das Genitiv-s enthalten war: Es ist also die Straße des Betzels und nicht die Straße der Betzeln, also der Hauben." Der Straßenname gehe vielmehr auf einen alten Rufnamen zurück: Noch aus dem Mittelalter sei „Betzel" oder „Betzelin" als Ableitung der Kurzform „Betz" bekannt, die wiederum von „Berchthold" kommt. „Möglicherweise war ein Mann namens Betzel im Mittelalter der Besitzer eines markanten oder besonders großen Anwesens in der Gasse und wurde zum Namensgeber", vermutet die Sprachwissenschaftlerin. Über die Person, die den Namen trug, ist heute nichts mehr bekannt. Die Straße wird erstmals 1264 in einem Urkundenbuch genannt.

Der Name „Eppichmauergasse" birgt ein Geheimnis.

Der Name „Rue de Bonnets" blieb eine kurze Episode in der langen Geschichte der Betzelsgasse. Im Zuge der umfassenden Modernisierung der Mainzer Straßennamen wurde sie Mitte des 19. Jahrhunderts in „Betzelsstraße" umbenannt. Und wer dort wohnt, darf mit Fug und Recht verneinen, eine Schlafmütze zu sein, und statt dessen stolz auf den reichen Betzel verweisen.

Um Reichtum ganz anderer Art geht es dagegen in der „Eppichmauergasse", deren Name sich ebenfalls nicht leicht erschließen lässt. Kaum jemand, der in der Altstadt das rote Schild mit dem Straßennamen liest, denkt dabei wohl an den Storch, an Kindersegen oder an das Glück an sich. Viel eher dürfte man über den ungewöhnlichen Namen rätseln. Eine Mauer, ja, um die müsste es in der Straße gehen, aber um was für eine?

Die Antwort scheint alteingesessenen Mainzern, die die Mundart beherrschen, leichtzufallen: „Im rheinhessischen Dialekt heißt der Efeu Eppich“, sagt Rita Heuser. Also heißt die Eppichmauergasse nach einer efeubewachsenen Mauer? Das wäre nicht schlecht, denn der Efeu gilt in der Mythologie seit jeher als Symbol für Liebe, für Treue und für die Ewigkeit. Das ist nicht nur seiner Widerstandskraft und Anpassungsfähigkeit zu verdanken, mit der die immergrüne Pflanze bis zu 20 Meter hoch wachsen und ein Alter von 450 Jahren erreichen kann. Weil sie für die Ewigkeit steht, wird sie bis heute gern auf Friedhöfe gepflanzt.

Mitternacht: Das ist einer der ungewöhnlichen Mainzer Straßennamen, die Dr. Rita Heuser erklären kann.

Aber: „So leicht ist es in diesem Fall nicht“, verrät die Sprachwissenschaftlerin, die das Geheimnis der Eppichmauergasse lüften kann: „Aus dem Jahr 1302 stammt der erste schriftliche Beleg einer Badstube an der *odebern muren*. Und *Odeber* ist nichts anderes als eine veraltete Bezeichnung für *Adebar*, also Storch. Im mittelalterlichen südhessischen Dialekt war dieser Ausdruck weit verbreitet. Der Adebar findet sich in vielen alten Hausnamen als glückbringendes Symbol wieder.“ Das reinste Glück lässt der Storch besonders denjenigen zukommen, auf deren Dach er nistet. Und fliegt Meister Adebar über das Haus einer jungen Frau, verheißt das baldigen Kindersegen – für dessen Lieferung er ja auch wieder zuständig ist.

In Rheinhessen ging allerdings die Bedeutung des Wortes *Odeber* bald verloren und der Name, mit dem nach ein paar Generationen keiner mehr etwas anfangen konnte, wurde uminterpretiert: Im 16. Jahrhundert findet sich die Bezeichnung „Zur Ewigen Mauer", und in einer Quelle von 1734 taucht dann zum ersten Mal der Name „Ebichmauer" auf. Was war passiert?

Auch dafür hat Rita Heuser eine Erklärung: „Der Schreiber damals notierte viele Namen im Dialekt, er war wohl ein echter Mainzer oder Rheinhesse. Daher wusste er, dass im heimischen Dialekt ein *b* wie ein *w* gesprochen wird – das begegnet uns noch heute bei der Zwiebel, die in Mainz zur *Zwiwwel* wird. Und, um alles ganz korrekt zu machen, interpretierte er den Namen erneut um." Aus der „Ewigen Mauer" wurde also die „Ebichmauer", die sich dann im alltäglichen Sprachgebrauch zur „Eppichmauer" abschliff. „Aus dem Storch wurden in der Eppichmauergasse also grüne Efeuranken", sagt die Sprachwissenschaftlerin schmunzelnd. Symbole für Glück und Liebe sind beide – glücklich, wer dort wohnen darf.

„Aus dem Storch wurden in der Eppichmauergasse also grüne Efeuranken."

Eva Wodarz-Eichner

So geht's zu den Straßennamen:

Die Peterskirche ist weithin sichtbar. Vom Petersplatz vor der Kirche geht es zur „Mitternacht". Die „Betzelsstraße" befindet sich in der Altstadt in der Nähe des Theater-Parkhauses und der Seppel-Glückert-Passage. Die „Eppichmauergasse" geht in der Altstadt von der Kreuzung der Maria-Ward-Straße und dem Ballplatz ab.

Obelisk

Was Rheinhessen mit Hessen zu tun hat

Na klar, Mainz ist die Landeshauptstadt von Rheinland-Pfalz. Aber drum herum liegt Rheinhessen. Moment mal – wieso taucht hier der Name Hessen auf? Das angrenzende Bundesland liegt doch eigentlich auf der rechten Rheinseite und wird von Wiesbaden aus regiert! Und die nachbarschaftlichen Beziehungen sind bekanntlich nicht immer die besten – erst recht, wenn es um die rechtsrheinischen ehemaligen Mainzer Stadtteile Amöneburg, Kostheim und Kastel („AKK") geht, die heute zu Wiesbaden gehören. Warum aber steht dann in Finthen, also auf Mainzer Gemarkung, ausgerechnet ein „Hessendenkmal"?

Grund dafür waren wieder mal die Franzosen. Eine Revolutionsarmee unter General Adam-Philippe de Custine (1740-1793) hatte Ende 1792 die Festung Mainz eingenommen – dort entstand nach französischem Vorbild die kurzlebige „Mainzer Republik", das erste demokratische Gemeinwesen auf deutschem Boden. Doch im Reich ließ man sich das nicht lange gefallen: Bereits Mitte 1793 belagerten preußische, österreichische und eben auch hessische Truppen die Stadt. Ganz vorn mit dabei: der hessische Landgraf Ludwig X. (später: Großherzog Ludwig I., 1753-1830). Er hatte sein Hauptquartier in Finthen aufgeschlagen – an genau der Stelle, die ab 1858 ein gedrungener Sandstein-Obelisk zieren sollte.

Den ließ Ludwigs Nachfahr Großherzog Ludwig III. (1806-1877) aufstellen, gut 65 Jahre nach den historischen Ereignissen. Da war Mainz schon lange hessisch geworden: als Teil ebenjenes „Rheinhessen", das nach Napoleons Sturz auf Beschluss des Wiener Kongresses in den Besitz von Hessen-Darmstadt gekommen war, also fortan den hessischen Großherzögen in Darmstadt unterstand.

2016 wurde das Jubiläum „200 Jahre Rheinhessen" gefeiert, auch wenn die Region kurz nach dem Zweiten Weltkrieg Teil des – neu gegründeten – Landes Rheinland-Pfalz geworden war. Der Rhein als

Obelisk made in Germany: das Hessendenkmal in Finthen.

Grenze zwischen der damaligen französischen und der amerikanischen Besatzungszone markiert seither auch die Grenze zwischen den Bundesländern Rheinland-Pfalz und Hessen. Und Rheinhessen ist seitdem Teil von Rheinland-Pfalz.

Alles klar? Doch nun zurück zum Hessendenkmal: Es markiert also die Stelle, an der Landgraf Ludwig X. bei der Belagerung der stark befestigten Stadt Quartier genommen hatte. Die Zeltstadt muss seinerzeit prächtig ausgesehen haben. Selbst Johann Wolfgang von Goethe (1749-1832), Augenzeuge der Belagerung, war damals höchst beeindruckt.

Heute ist die einstige militärische Prachtentfaltung des Landgrafen allenfalls noch zu erahnen. Der kleine Obelisk auf dem Bruchstein-Sockel steht, umrandet von einem schmiedeeisernen Zaun, inmitten einer Grünanlage am Sertoriusring. In unmittelbarer Nähe befinden sich die Autobahn A 60 und das Autobahnkreuz zur A 643, die wiederum Mainz mit Wiesbaden verbindet und damit die Anbindung an die hessische Seite gewährleistet. Heute suchen nur noch Eingeweihte den Weg zum Hessendenkmal. Zumindest ist es gut zu finden – es liegt idyllisch in gedachter Verlängerung der Sackgasse „Am Hessendenkmal". Schöpfer war seinerzeit Johann Baptist Scholl (1818-1881), der auch das Schiller-Denkmal in der Mainzer Innenstadt gestaltete.

1993 – zum 200. Jahrestag der Belagerung – wurde das Hessendenkmal um eine Tafel am Sockel ergänzt. Sie erinnert an die *Mainzer Republik*, die mit dem Abzug der Franzosen zu Ende gegangen war. Aber schon gut vier Jahre später waren die Franzosen wieder da – und blieben unter Napoleon dann bis 1814. Doch das ist nun wirklich kein Geheimnis mehr.

Karsten Eichner

So geht's zum Obelisken:

Der Obelisk steht leicht erhöht in einer Grünanlage am Sertoriusring – gegenüber der Einmündung der Straße „Am Hessendenkmal".

Wenn Engel reisen: Die Putten gehen am Mainzer Hauptbahnhof auf große Fahrt, kaufen Billetts und umarmen sich zum Abschied.

22

Putten

Wenn Engel reisen

Zahllose Reisende und Pendler strömen jeden Tag in den Mainzer Hauptbahnhof, holen sich noch schnell eine Zeitung und einen Kaffee, bevor sie in ihren Zug steigen. Andere kommen, um dort einzukaufen – von Drogerieartikeln über Kleidung, Bücher und Blumen bis zu Süßwaren ist alles zu haben. Kaum einer der vielen Menschen, die täglich durch den Haupteingang eilen, wendet den Blick abseits der Schaufenster nach rechts oder links. Wer das dennoch tut, dürfte entzückt sein: Auf zwei Reliefs werden die Abfahrt und die Ankunft auf dem Bahnhof allegorisch dargestellt – pausbäckige Kinderfiguren, ganz ähnlich den Putten, wie man sie aus barocken Kirchen kennt, tummeln sich am Bahnsteig, erstehen am Schalter ein Billett, schleppen sich mit dem schweren Koffer ab und geben sich den Abschiedskuss, während die Glocke zum Einsteigen in den Zug mahnt. Auf der anderen Seite dann die fröhliche Rückkehr: Sogar ein kleiner Hund ist mitgekommen und springt freudig an einer der Putten hoch, während andere die Heimkehrer glücklich umarmen und mit ihnen nach Hause gehen.

„Am Mainzer Hauptbahnhof erscheinen die Putten weniger engelhaft, sondern eher als Kinder in antikisierender Pose und Kleidung“, sagt Peter Kneip, Innenarchitekt und Autor des Stadtführers *Neunundneunzig Mal Mainz*. „Sie sind der neuen Fortbewegung zugewandt, die mit der Erfindung von Dampfmaschine und Eisenbahn in der Mitte des 19. Jahrhunderts Einzug hielt.“ Und haben somit auch nicht mehr allzu viel mit den musizierenden Barockengelchen oder den geflügelten Amoretten, die Liebespfeile verschießen, zu tun. Geschaffen haben die beiden Reliefs die Mainzer Bildhauer Valentin Barth (1837-1920) und Anton Scholl (1839-1892). „Die Reliefs symbolisieren das Reisen mit der Bahn, das zu der Entstehungszeit des Bahnhofs ja noch etwas Besonderes war“, so Peter Kneip.

Gute Fahrt! Peter Kneip weist auf das Relief an der Bahnhofsfassade, das die abreisenden Putten zeigt.

Der erste Mainzer Bahnhof eröffnet 1853 am Rheinufer vor dem Holztor, wird aber schnell zu klein. Die Stadtplanung überlegt hin und her, wo denn ein neuer, größerer, prächtiger Bahnhof am besten hinpassen würde, und wird schließlich am damaligen Westrand der Stadt fündig: Das Gelände ist groß genug, um darauf den topmodernen „Central-Bahnhof“ zu bauen. Der Mainzer Architekt Philipp Johann Berdellé (1838-1903) entwirft das imposante Empfangsgebäude im Stil der italienischen Neorenaissance mit Elementen, die sowohl aus der barocken als auch der klassizistischen Formensprache entlehnt werden. Verbaut wird dabei heller Flonheimer Sandstein. Dem Zeitgeschmack entsprechend, entsteht ein atemberaubender Technikpalast: Die Bahnsteighalle ist 47 Meter breit, 300 Meter lang und damit die längste in ganz Europa. Es gibt ein Restaurant, in dem Reisende dinieren können, während der Zug einen längeren Aufenthalt hat – der Speisewagen ist noch nicht erfunden. Auf die Passagiere der ersten Klasse warten gesonderte Aufenthaltsräume und Salons. Im Restaurant sorgen Spiegel, Kristall-Lüster und Sofas mit Samtbezug für eine noble Atmosphäre, von der man heute nur noch träumen kann.

„Von dieser äußeren Pracht ist heute im Innern des Hauptbahnhofs nichts mehr übriggeblieben", bedauert Peter Kneip. „Die Empfangshalle wurde entkernt, modernisiert und mit Ladenpassagen ausgebaut." Nach einem Brand Ende 1934 und während des Zweiten Weltkriegs wurde der Hauptbahnhof stark beschädigt und später wiederaufgebaut. Aber zumindest die Reliefs mit den Putten sind noch da und wünschen seit 1884 eine gute Reise und eine glückliche Heimkehr.

„Von dieser äußeren Pracht ist heute im Innern des Hauptbahnhofs nichts mehr übriggeblieben. Die Empfangshalle wurde entkernt, modernisiert und mit Ladenpassagen ausgebaut."

Eva Wodarz-Eichner

So geht's zu den Putten:

Die beiden Reliefs „Abfahrt" und „Ankunft" befinden sich links und rechts des Haupteingangs außen am Mainzer Hauptbahnhof.

23

Grundmauern

Die Überreste der Martinsburg

Deutschland ist das Land der Burgen – und der malerischen Burgruinen. Doch mitunter bleibt von einer mittelalterlichen Festung nur noch so wenig übrig, dass die Relikte kaum mehr zu erkennen sind. „So erging es auch der nach dem Schutzpatron der Stadt benannten Mainzer Martinsburg", erzählt Dr. Rudolf Büllesbach, Jurist und Experte für die Mainzer Stadtgeschichte. Die Burg war über Jahrhunderte dem kurfürstlichen Schloss an der Rheinfront vorgelagert. Doch unter französischer Herrschaft war ihre Zeit vorbei: „1804 befahl Napoleon den Abbruch der Martinsburg." Der dauerte bis 1809; die Steine wurden für den Straßen-, Hafen- und Brückenbau herangezogen – das traditionsreiche Gebäude war damit Geschichte. Längst erinnern nur noch einige Grundmauern des Südturms im ehemaligen Schlossgraben, heute eine weitläufige Rasenfläche vor der rheinseitigen Fassade des Schlosses, an das einst so trutzige Gebäude.

„1804 befahl Napoleon den Abbruch der Martinsburg."

Bauherr der zwischen 1477/78 und 1480/81 errichteten Martinsburg war der damalige Erzbischof und Kurfürst Diether von Isenburg (1412-1482), in dessen Amtszeit 1477 auch die Mainzer Universität eröffnet wurde. Der dezentrale Standort direkt am damaligen Rheinufer im Nordosten der Stadt legt nahe, dass die mit einem Wassergraben versehene Burg nicht in erster Linie deren Verteidigung diente, sondern vielmehr ein befestigter Rückzugsort für den Kirchenfürsten bei Auseinandersetzungen mit den Bürgern war. Selbst eine Flucht per Schiff in die bischöflichen Residenzen Eltville und Aschaffenburg schien von diesem strategisch günstigen Punkt aus gut möglich.
„Die Martinsburg war mehr als dreihundert Jahre neben dem Dom eines der markantesten Wahrzeichen von Mainz und Mittelpunkt der kurfürstlichen Hofhaltung", erzählt Büllesbach weiter. Als Kurfürst

Massive Mauerreste: Auf diesen Steinen stand einst die Martinsburg.

und Erzkanzler des Heiligen Römischen Reiches hatte der Mainzer Erzbischof eine herausgehobene Position, was sich auch in entsprechender baulicher Prachtentfaltung manifestierte. Zu Beginn des 17. Jahrhunderts entstand auf Initiative von Georg Friedrich von Greiffenclau (1573-1629) direkt angrenzend an die Burg als repräsentative Erweiterung der heutige Rheinflügel im Renaissance-Stil. Ende des 17. Jahrhunderts folgte unter Anselm Franz von Ingelheim (1634-1695) der im rechten Winkel abgehende Nordflügel. An den Rheinflügel schlossen sich nach Südosten weitere, heute nicht mehr erhaltene Bauteile an, so das Kanzleigebäude, die Schlosskirche St. Gangolf – sie stand etwa auf Höhe der Großen Bleiche – und das Schlosstor.

Dieses weitläufige Gebäude-Ensemble diente bis Ende des 18. Jahrhunderts als Residenz der Mainzer Fürstbischöfe. Als Sommersitz gab es zudem das elegante Barockschloss Favorite, von dem heute leider nur noch der Name übriggeblieben ist.

Kenner der Martinsburg-Geschichte: Dr. Rudolf Büllesbach.

1792/1793 und dann erneut ab 1797/98 wurde Mainz französisch und blieb es die folgenden 16 Jahre. 1804 beschloss Napoleon (1769-1821) eine Neuplanung der seit der Belagerung von 1793 in Teilen stark beschädigten Stadt. Ziel war eine bauliche Neuordnung im Sinne der Franzosen, etwa mit einer neuen breiten Prachtstraße im Zentrum, der Rue Napoléon (heute Ludwigsstraße) und der Anlage des Gutenbergplatzes. Per Dekret wurde dabei auch festgelegt, das „vieux château“, also die alte Martinsburg, abzureißen. Auch andere historische Bauten fielen in dieser Zeit der Spitzhacke zum Opfer, etwa das mittelalterliche Kaufhaus am Brand oder die seit der Beschießung von

1793 stark zerstörte Liebfrauenkirche. Selbst der beschädigte Martinsdom hätte nach den ursprünglichen Planungen weichen müssen, blieb nach massiven Protesten aber erhalten (siehe Geheimnis 13).

Am Schloss errichteten die Franzosen die noch heute existierende einstöckige und relativ schmucklose Steinhalle – denn seinerzeit diente das bereits arg heruntergekommene Renaissancegebäude als Kaserne, Lazarett und Zollmagazin. Mit der Halle wurde das Schloss zur Dreiflügelanlage erweitert, also der Grundform, die auch heute noch besteht.

Im Zweiten Weltkrieg wurde das – zwischenzeitlich renovierte – Mainzer Schloss im Inneren vollständig zerstört und brannte aus. Lediglich die Außenmauern überstanden das Inferno. Aber schon Ende 1949 war das Gebäude innen in vereinfachter Form wiederhergestellt und ist seither ein beliebter Veranstaltungs- und Tagungsort. Der große Saal ist alljährlich einem Millionenpublikum durch die beliebte TV-Fastnachtssitzung „Mainz bleibt Mainz, wie es singt und lacht" wohlbekannt. Einen weiteren Teil nutzt das Römisch-Germanische Zentralmuseum.

Von der alten Martinsburg haben sich jedoch nur die Grundmauern des quadratischen Südturms in Form einiger großer Sandsteinblöcke erhalten – und schlummern nun fast unbeachtet in der breiten Rasenfläche.

Karsten Eichner

So geht's zu den Grundmauern:

Die Grundmauern der Martinsburg befinden sich in der Grünanlage direkt vor dem Mainzer Schloss entlang der Peter-Altmeier-Allee. Den besten Blick hat man von der Kreuzung Große Bleiche.

24

Frosch

Marketing made in Mainz

Klar, die Erdal-Schuhcreme kennt fast jeder. Aber warum ziert ausgerechnet ein stilisierter roter Frosch die Verpackung – wie auch überlebensgroß die modernen Gebäude des Herstellers entlang der Rheinallee? Und woher hat das Produkt eigentlich seinen Namen? Beides hat eng mit der Mainzer Industriegeschichte zu tun. Und mit einer genialen Marketing-Idee.

Die Erfolgsgeschichte beginnt 1901 mit einer revolutionären Schuhcreme auf Wachsbasis. Zum schnellen Markterfolg trägt neben der Qualität auch die praktische runde Metalldose bei – und das einprägsame Markenlogo mit dem Frosch. „Unverkennbares Markenzeichen ist bis heute der Erdal-Frosch", heißt es dazu beim Unternehmen. Das Konterfei der Amphibie befindet sich seit 1903 auf den Dosen und ist anfangs noch naturalistisch grün. Bildpate ist die beliebte Märchenfigur des Froschkönigs – somit erklärt sich auch das schmückende Krönchen. Es gibt dem Produkt zugleich einen „königlichen" Anstrich, da die Schuhcreme nach stolzer Firmenangabe seinerzeit auch „im Privatgebrauch an Fürstenhöfen" ist. Das Versprechen: Die neue Creme soll ebenso gut vor Wasser schützen wie die Haut eines Froschs. Denn Schuhe erleben die Welt bekanntlich aus der Froschperspektive – und sollen auch bei Regenwetter die in ihnen steckenden Füße möglichst lange trocken halten.

Ist die Bildmarke „märchenhaft", so hat der Markenname ganz klar bodenständige Mainzer Wurzeln: Erdal ist die Mainzer Aussprache von Erthal – Kurzform der „Erthalstraße" in der Neustadt, die nach Fürstbischof Friedrich Karl Joseph von Erthal (1719-1802) benannt wurde. Dort hatte das Unternehmen seinerzeit seinen Sitz – man arbeitete also „bei de Erdal". Ein weltweit erfolgreicher Markenname war geboren.

Die Fabrik ist freilich noch viel älter als die Creme: Bereits 1867 war sie als „Wachswarenfabrik Gebrüder Werner" gegründet worden.

Mainzer Markenbotschafter: Der „Rotfrosch" hat heute allen Grund zum Lächeln.

Das lag in der Familientradition: Vorfahr Wolfgang Franz Xaver Werner war Glöckner in der Mainzer Quintinskirche und stellte bereits Wachskerzen für den kirchlichen Gebrauch her. 1878 wurde schließlich Georg Mertz Teilhaber der Fabrik – seither trägt das Unternehmen den Namen „Werner & Mertz".

Mit Ende des Ersten Weltkriegs 1918 und wegen der kriegsbedingt verwendeten schlechten Ersatzstoffe hat der „Grünfrosch" ausgedient: Er wird durch eine rote Variante ersetzt. Zum Marken-Relaunch gibt es das Versprechen, wieder „Qualität wie vor August 1914" – also dem Zeitpunkt des Kriegsausbruchs – zu bieten. Den mürrischen Zug um den Mund behält der „Rotfrosch" bei – bis er seit Anfang der 1960er-Jahre endlich optimistisch lächelnd in die Welt blicken darf. 1971 muss er sich erneut einem optischen Relaunch unterziehen. Seither existiert das noch heute verwendete, stark stilisierte rote Frosch-Logo.

Werner & Mertz ist heute ein weltweit operierendes Unternehmen, das zunehmend auf nachhaltige Produkte setzt. „Wir wollen eine nachhaltige Lebensweise mehrheitsfähig machen", erläutert Reinhard Schneider, geschäftsführender Gesellschafter und Inhaber der Werner & Mertz GmbH. Neben dem Schuhpflegemittel und der Bodenpflege-Serie „Emsal" gibt es daher beispielsweise auch die Marke „Frosch" für ökologische Wasch-, Pflege- und Reinigungsmittel. Letztere ziert wieder ein grüner Frosch, allerdings in Frontalansicht. Auf der 2010 eröffneten neuen Hauptverwaltung des Unternehmens in Mainz mit den auffallenden Windkraftrotoren auf dem Dach sowie an vielen Fabrikgebäuden prangt jedoch weiterhin gut sichtbar der rote Frosch – lächelnd.

Karsten Eichner

So geht's zum Frosch:

Die Erdal-Hauptverwaltung steht an der Ecke Rheinallee/Zwerchallee nahe der S-Bahn-Station Mainz Nord. Von dort aus sind die Frosch-Logos an den Gebäuden gut zu sehen.

Schon 1784 verließ „Vater Rhein“ sein Bett, wie diese Inschrift dokumentiert.

25

Hochwassermarken

Wo „Vater Rhein“ sein Bett verlassen hat

„In Mainz am schönen Rhein, da hab‘ ich geküsst und gelacht“, lautet der Beginn eines bekannten Fastnachts-Hits. Doch nicht immer hat der Fluss den Mainzern Anlass zu so viel Lebensfreude geboten. Klar, er war über viele Jahrhunderte die wirtschaftliche Lebensader, brachte der Stadt Handel und Wohlstand. Doch eben leider auch immer wieder verheerende Hochwasser, die weite Teile der Stadt überschwemmten. Wenn „Vater Rhein“ sein Bett verließ, dann war in Mainz „Land unter“.

Zeugnisse davon sind am Rheinufer und entlang der Rheinstraße heute noch reichlich zu finden, etwa am mittelalterlichen Holzturm, dessen – deutlich unter dem heutigen Straßenniveau liegende – Tordurchfahrt die Pegelstände früherer Fluten bezeugt. „Hier sieht man historische Rheinhochwassermarkierungen und sehr beeindruckend das Land-Niveau vor der Rheinuferaufschüttung“, erzählt der gebürtige Mainzer und Geschichts-Fan Werner Link. Zum Beispiel an einer Plakette, die sich stadtseitig ungefähr auf halber Höhe des Torbogens befindet. Dort steht geschrieben: *Wie hoch in seiner Fluth einst stieg der Rhein, Sagt hier der Nachwelt diser Stein. den 2. Merz 1784.*

Immerhin etwas niedriger waren die Hochwasserstände anno 1573 sowie im März 1565, an die ebenfalls Markierungen am Holzturm erinnern. Auch an anderer Stelle in Rhein-Nähe finden sich solche Hochwassermarken, etwa an einem Nachkriegsgebäude an der Ecke Rheinstraße / Fischtorstraße. Hier – in Sichtweite des Doms – weist eine in den Bau integrierte historische Sandsteinsäule gleich vier Markierungen auf: Sie erinnern ebenfalls an die Höchststände von 1784, 1573 und 1565, aber auch an die Flut von 1845. Zwei Plaketten an der Hauswand zur Rheinstraße zeigen ebenso die Rheinhöhe am 31. März 1845 sowie die Wasserhöhe vom *2. Merz 1784* an – damals offenbar ein besonders traumatisches Erlebnis.

So hoch stand früher einmal das Wasser: Werner Link vor einer der Hochwassermarken am Holzturm.

Denn echten Hochwasserschutz bot die Bischofsstadt am Rhein über viele Jahrhunderte nicht. „Was beim Betrachten dieser Wasserstände bedacht werden muss, ist, dass das Straßenniveau in historischer Zeit niedriger war", weiß Werner Link. Stadtmauer und Stadttore am Rheinufer boten zwar militärischen Schutz, nicht jedoch Sicherheit vor den Fluten des Flusses. Erst die Anlage der heutigen Rheinstraße in den 1880er-Jahren – in Verlängerung der aufgelassenen Gleisanlagen der „Ludwigsbahn" –

schaffte hier als „Hochwasserdamm" gründliche Abhilfe. Ihr Straßenniveau liegt deutlich über dem der dahinterliegenden Altstadt, was auch den heutigen Höhenunterschied zur Holzturm-Durchfahrt erklärt.

Auch die Rheinregulierung und -begradigung im 19. Jahrhundert brachte eine Entlastung für die Mainzer Innenstadt: Die verheerenden Hochwasser wurden fortan deutlich seltener.

Den aktuellen Wasserstand kann heute jeder an der Rheinpegeluhr ablesen – an der Rheinpromenade in Nähe des Hilton-Hotels. „Im Inneren Kreis sieht man die Meter und im äußeren Kreis die Zentimeter", erläutert Werner Link. „Die übliche Wasserhöhe an dieser Stelle beträgt um die drei Meter. Sechs Meter ist für die Stadt ein unproblematisches Hochwasser. Bei um die sieben Meter werden Überflutungsflächen geöffnet. Über acht Meter wäre es ein zweihundertjähriges Hochwasser – also eines, das nur alle 200 Jahre auftritt – und eine Bedrohung für die Stadt."

Aber warum endet die Meteranzeige am Rheinpegel bei 7,50 Meter? Auch das weiß Werner Link: „Die Messung funktioniert nur bis zu diesem Maximalwert, die gesamte Rheinpromenade ist dann überschwemmt und kein Besucher könnte mehr trockenen Fußes die Uhr ablesen."

Karsten Eichner

So geht's zu den Hochwassermarken:

Die Hochwassermarken befinden sich stadtseitig im Tordurchgang am historischen Holzturm (Rheinstraße / Ecke Holzstraße). Weitere Hochwassermarken befinden sich an einem Eckhaus (Rheinstraße / Fischtorstraße) unweit des Doms. Der Rheinpegel kann am Flussufer (Adenauer Ufer) zwischen Hilton-Hotel und Theodor-Heuss-Brücke abgelesen werden.

Enger geht's nicht: In diesem Durchgang kann beim besten Willen niemand umfallen.

26

Reul

Hier besteht keine Sturzgefahr

Sie ist die schmalste Gasse von ganz Mainz: die Augustinerreul. So unglaublich schmal, dass Ortsfremde, die nachfragen, welchen Sinn denn ein solch enges Gässchen habe, gern mal einen Bären aufgebunden bekommen: Es sei ein bevorzugter Nachhauseweg, wenn man in einem Mainzer Weinhaus den einen oder anderen Schoppen geleert habe – ganz bequem könne man sich selbst schwankenderweise mit beiden Händen an den Hauswänden links und rechts abstützen, umfallen ausgeschlossen.

Eine nette Erklärung, die zwar durchaus stimmt, aber nicht der Grund für die Errichtung war: Die schmalen Gässchen – oder „Reulchen“ – dienten dem Brandschutz. In der eng bebauten Altstadt war die Feuergefahr früher allgegenwärtig. Brach ein Brand aus, verbreitete er sich in Windeseile. Eine Reul sollte ein Übergreifen der Flammen von einem Haus auf das nächste erschweren, außerdem konnte vom Gässchen aus gelöscht werden.

Der Name „Reul“ oder „Reulchen“ leitet sich übrigens vom Französischen ab: So steht „ruelle“ für ein Gässchen, eben für eine kleine „rue“, also eine kleine Straße. Von „ruelle“ zu „Reul“ ist es sprachlich dann kein weiter Weg. Außer der Augustinerreul gibt es bei der Kartäuserstraße die Kartäuserreul. Und sogar nach Wiesbaden ist ein bisschen was vom französischen Erbe der Mainzer hinübergeschwappt: Der Durchgang zwischen Luisen- und Friedrichstraße neben der Bonifatiuskirche wird liebevoll „Kirchenreulchen“ genannt. Dass dieses Reulchen nicht annähernd so schmal ist wie die Mainzer Augustinerreul, versteht sich wohl von selbst.

„Der Name ‚Reul‘ leitet sich vom Französischen ab: So steht ‚ruelle‘ für ein Gässchen, eben für die kleine ‚rue‘.“

Eva Wodarz-Eichner

So geht’s zur Reul:

Von der Augustinerstraße geht rechts neben der markanten Augustinerkirche das Augustinergässchen ab, von diesem wiederum die Augustinerreul. Sie mündet ein paar Meter rechts neben dem Lokal Augustinerkeller wieder in die Augustinerstraße.

Äußerlich unscheinbar – aber das Innere hat es in sich: der Forschungs-Kernreaktor in Mainz.

27

Kernreaktor

Atomkraft zu friedlichen Zwecken

Der Bau sieht völlig unscheinbar aus. Eines der typischen nüchternen 60er-Jahre-Gebäude in Weiß und Grau, wie sie an der Universität Mainz häufig zu finden sind. Ahnungslose Passanten könnten es für ein normales Institutsgebäude der Chemie halten. Doch weit gefehlt: Hinter schwerem Stahlbeton verbirgt sich ein spezieller Forschungsreaktor – einer von nur dreien in Deutschland.

„Mainz ist eines der universitären Zentren für Anorganische Chemie und Kernchemie", erzählt Dr. Heidrun Wodarz-Kuhn. Die Allgemeinmedizinerin hat in den 1960er-Jahren in Mainz studiert, im Vorphysikum unter anderem bei dem berühmten Professor Otto Hahn (1879-1968), Chemie-Nobelpreisträger und „Vater der Kernchemie". „Eine breite naturwissenschaftliche Ausbildung gehört zum Medizinstudium seit jeher einfach dazu", so Dr. Heidrun Wodarz-Kuhn.

Hahn war es auch, der 1967 den Mainzer Forschungsreaktor offiziell einweihte. In Betrieb nahm ihn aber sein Kollege Fritz Straßmann (1902-1980) bereits zwei Jahre früher, nämlich im August 1965. Das erklärte Ziel: Grundlagenforschung in Kernchemie und Kernphysik – für eine friedliche Nutzung der Atomkraft.

Der Kernreaktor vom Typ „TRIGA Mark II" dient vor allem als Neutronenquelle für Präzisionsexperimente, aber auch zur Untersuchung archäologischer Funde. Durch die Bestrahlung ist es beispielsweise möglich, das Alter von Materialien genau zu bestimmen. Hunderte von Wissenschaftlern aus aller Welt haben in der Anlage Experimente durchgeführt. Ganze Forschergenerationen haben hier gearbeitet und gelernt, denn zugleich dient sie als Ausbildungsreaktor, etwa im Strahlenschutz.

An rund 200 Tagen im Jahr wird der Reaktor laut Universität Mainz genutzt. Er leistet im Dauerbetrieb maximal 100 Kilowatt – kein Vergleich mit industriellen Atomkraftwerken, die umgerechnet 30.000 Mal mehr Energie erzeugen können. Die mit Beton und Graphit abgeschirmte Anlage ist als so genannter „Schwimmbad"-Reaktor konzipiert: Die rund 70 Uran-Brennelemente befinden sich dabei am Boden eines sechs Meter hohen Wassertanks. Dank des vergleichsweise niedrigen Gehalts von weniger als 20 Prozent Uran-235 in den Brennelementen ist eine Kernschmelze wie etwa 1986 in Tschernobyl ausgeschlossen. Eine Gefährdung für die Bevölkerung gibt es daher laut Universität nicht, wie auch erneute Sicherheitsüberprüfungen nach dem Reaktorunglück in Fukushima 2011 bestätigt haben. Mag die Atomkraft als Energieträger in Deutschland auch absehbar vor dem Aus stehen – die friedliche Kernforschung in Mainz läuft weiter.

Karsten Eichner

So geht's zum Kernreaktor:

Der Kernreaktor steht auf dem Universitätsgelände am Fritz-Straßmann-Weg.

Hohlwangiger Held: Siegfried an der Rheinbrücke.

28

Nibelungen-Figuren

Berühmte Sage an der Rheinbrücke

Müde, hohlwangig und ein wenig verklärt sieht der Held aus. Aus trüben Augen blickt er von der Mainzer Nordbrücke aus den Rhein hinunter in Richtung seiner Vaterstadt Xanten. Umrankt von Lindenblättern, den Hörnerhelm auf dem Kopf, das Schwert fest in der rechten Hand. Klar, der kühne Recke musste in seinem kurzen Heldenleben ja auch bereits einen Drachen besiegen, wie es auf einem verwitterten Sandsteinrelief ganz in der Nähe zu sehen ist. Nur einen Brückenbogen entfernt speit der Drachenkopf dagegen noch recht munter Feuer, während wiederum ein paar Meter weiter die drei Rheintöchter anmutig ein Bad in den Wellen nehmen.

Es sind Szenen aus dem vielleicht wichtigsten deutschen Mittelalter-Epos, dem *Nibelungenlied*, und dessen neuzeitlicher Adaption durch Richard Wagner in seinem gewaltigen Musikdrama *Der Ring des Nibelungen*. Die Anklänge sind gut gewählt: Nicht nur, dass die Siegfried-Sage in Teilen am Rhein spielt, etwa in Worms und im nahe gelegenen Odenwald. Auch der Komponist Richard Wagner (1813-1883) ist eng mit Mainz verbunden: 1862 verbrachte er ein knappes Jahr in einer Villa am Biebricher Rheinufer, pflegte enge Verbindungen zu seinem Mainzer Verleger Schott (siehe Geheimnis 39). Wäre er länger geblieben, hätte er sein Festspielhaus womöglich nicht in Bayreuth, sondern nahe am Rhein errichtet. Jedenfalls beflügelt seither sein *Ring*-Zyklus aus vier Opern ganze Generationen – so auch den Künstler, der kurz nach der vorletzten Jahrhundertwende die Reliefs an der Brücke schuf. Seit mehr als hundert Jahren schmücken sie nun, einem überdimensionalen Outdoor-Comic gleich, die Mainzer Nordbrücke.

Brücken sind heutzutage in der Regel eine eher schmucklose Angelegenheit. Nicht so dieses Bauwerk aus dem frühen 20. Jahrhundert: „Bei der Errichtung der damaligen *Kaiserbrücke* zwischen 1901 und 1904 wurde viel Wert auf Kunst am Bau gelegt", erzählt Eisenbahnexperte Bernhard Hager.

Kennt genau die Kunst am Bau: Eisenbahnexperte Bernhard Hager.

Und so zieren die massive Sandsteinverkleidung des Mainzer Brücken-Widerlagers – als „Mainz Nord" heute ein Haltepunkt für den Regionalverkehr – nicht nur ein Figurenzyklus aus der Nibelungensage, sondern auf der südlichen Seite auch Szenen aus der römisch-deutschen Geschichte – eine Referenz an das ehemalige römische Legionslager Mogontiacum. Da sieht man beispielsweise zwei wackere Germanen, die sich gerade in offenbar feindlicher Absicht an ein Römerkastell anschleichen, man erblickt den deutschen Kaiseradler im steilen Angriffsflug auf einen römischen Legionsadler sowie den bärtigen Kopf des Philosophenkaisers Marc Aurel (121-180). Ein leider kaum noch erkennbares Relief auf der Nordseite zeigt außerdem den Minnesänger Heinrich von Meißen (1250/1260-1318), genannt Frauenlob (siehe Geheimnis 09).

Heute wie damals liegt die Brücke mitten im Industriegebiet. Die Nordseite ist auf Mainzer Gebiet bedauerlicherweise nur teilweise zugänglich, da der Betriebshof eines großen Logistikunternehmens inzwischen direkt bis an das Bauwerk herangerückt ist. Doch von der Straße „An der Kaiserbrücke“, per Einbahnstraßenregelung zu erreichen über die Obere Austraße, hat man einen guten Blick auf den Nibelungen-Figurenschmuck.

Die Rheintöchter – wenige Meter vom Flussufer entfernt.

Der stammt von dem Bildhauer Gotthold Riegelmann (1864-1935), einem damals sehr beliebten und von Kaiser Wilhelm II. (1859-1941) geschätzten Künstler. Er arbeitete dabei eng mit dem seinerzeitigen Star-Architekten Franz Heinrich Schwechten (1841-1924) zusammen, Erbauer der Kaiser-Wilhelm-Gedächtniskirche und des Anhalter Bahnhofs in Berlin sowie des trutzigen Kaiserschlosses in Posen (Poznan). In Mainz zeichnete Schwechten für die Gesamtplanung der Brückenköpfe sowie die Architektur der neoromanischen Brückentürme links und rechts der Gleise verantwortlich. Von denen ist heute freilich nichts mehr zu sehen. „Sie wurden im Krieg beschädigt und beim Wiederaufbau der Brücke 1954/55 kurzerhand beseitigt“, weiß Bahnhistoriker Hager. Nur die breiten Turmfundamente aus Sandstein geben heute noch eine schwache Ahnung vom einstigen wilhelminischen Pomp dieses Profanbaus.

„Die Kaiserbrücke ist Bestandteil der von Bischofsheim über die Abzweigung Kostheim und nördlich weitläufig an Kastel vorbei nach Mombach verlaufenden Mainzer Umgehungsbahn“, erläutert Hager.

„Sie war eines der ersten großen Gemeinschaftsprojekte der 1896/97 begründeten preußisch-hessischen Eisenbahngemeinschaft." In Hessen-Darmstadt sei diese Gemeinschaft bis zum Ersten Weltkrieg politisch hoch umstritten gewesen, erzählt der Experte: „Schließlich bedeutete sie eine faktische Inkorporierung nahezu des gesamten Eisenbahnnetzes von Hessen-Darmstadt in jenes der preußischen Staatsbahn."

Pompös war jedenfalls die Eröffnung am 1. Mai 1904 in Anwesenheit von Kaiser Wilhelm II., der zugleich preußischer König war, Kaiserin Auguste Viktoria, dem hessischen Großherzog Ernst Ludwig und Reichskanzler Bernhard von Bülow. Seine Majestät reiste von Wiesbaden kommend im eigenen Hofzug an und war damit erster Nutzer des Bauwerks. Gefeiert wurde auf der Mainzer Seite in Höhe der heutigen Haltestelle „Mainz Nord", wo neben den Gleisen ein Prunkzelt mit Baldachin für den Kaiser und sein Gefolge errichtet worden war. Seine Majestät erschien wie üblich in Uniform und Pickelhaube, und unter den Ehrengästen erblickte man ebenfalls viele Uniformierte oder Herren mit hohen Zylinderhüten. Derweil hatte das großherzoglich-hessische Infanterie-Leibregiment „Großherzogin" Nr. 117 – nach dem der 117er-Ehrenhof in der Mainzer Neustadt benannt ist – Aufstellung genommen, und der Kaiser schritt die Ehrenkompanie ab.

Für das mehr als 900 Meter lange und mit damals fast 16 Millionen Mark immens teure Großbauwerk fand der militärliebende Monarch warme Worte: „Ich bin aber der Überzeugung, dass diese Brücke, wenn sie zu ernsten Transporten benutzt werden sollte, sich dann vollkommen bewähren wird." Auch wenn er, wie die übrigen Festredner, antifranzösische Töne bewusst vermied, spielte er doch auf die militärstrategische Bedeutung der Brücke an. Sie vervollständigte eben nicht nur den Eisenbahnring rund um Mainz – und ermöglichte somit nun auch Touristen aus Süddeutschland, Österreich und der Schweiz die bequemere Anreise in die „Weltkurstadt" Wiesbaden –, sondern schloss auch das Elsass und Lothringen bahntechnisch besser ans Reich an. Im Kriegsfall wollte man auf diese Weise rasch Truppen und Material über den Rhein schaffen, was die massive Konstruktion und den seinerzeit extra breiten Abstand zwischen den Gleisen erklärt.

War der Figurenschmuck der Brücke vielleicht schon eine Vorahnung des künftigen Schicksals? Zehn Jahre nach der Erbauung begann der Erste Weltkrieg, möglich gemacht durch Deutschlands unbedingte „Nibelungentreue" zum österreichisch-ungarischen Bündnispartner und dessen fahrlässiger Balkan-Politik. Über die „Kaiserbrücke" rollten schon bald Militärzüge und Nachschub an die Westfront in Richtung Frankreich. 1917/18 mussten sich die deutschen Truppen dann in Nordfrankreich hinter die stark befestigte „Siegfriedlinie" zurückziehen – die streng geheime Rückzugsoperation trug, ebenfalls mythologisch überhöht, in Anspielung auf die sagenhafte Nibelungen-Tarnkappe den Codenamen „Alberich". Geholfen hat das am Ende auch nicht mehr. Im November 1918 lag das Reich militärisch am Boden und musste um Waffenstillstand bitten. Kaiser Wilhelm II. ging ins holländische Exil.

Macht dem Helden Dampf: der Drache an der Rheinbrücke.

Die Maurerarbeiten der „Kaiserbrücke" übernahm seinerzeit die Frankfurter Firma Holzmann, für die eigentliche Brückenkonstruktion waren die Stahlunternehmen Dortmunder Union und MAN zuständig. Viele der Brückenteile stammten übrigens aus dem nahe gelegenen MAN-Werk in Gustavsburg. Für den Bau wurden schon damals ausländische Arbeitskräfte herangezogen – angeblich auch ein junger Italiener namens Benito Mussolini (1883-1945), der spätere faschistische „Duce".

Im März 1945, in der Endphase des Zweiten Weltkriegs, sprengte die nach Osten zurückweichende Wehrmacht alle Brückenverbindungen über den Rhein, so auch die „Kaiserbrücke". Es dauerte rund zehn Jahre, bevor sie als „Nordbrücke“ – offiziell „Rheinbrücke Mainz Nord“ – wieder in Betrieb gehen konnte. „Mit diesen Bezeichnungen wird man in Mainz aber im Regelfall auf Unverständnis stoßen. Dort heißt es immer noch *Kaiserbrücke*“, erzählt Bernhard Hager. Statt der schwungvollen Bögen liegt seither eine einfache kastenförmige Konstruktion aus Stahlfachwerk auf den alten Pfeilern und überbrückt so den Rhein und die Petersaue. Doch auch die hat es in sich: „Die neue Kaiserbrücke stellt einen Meilenstein der Schweißtechnik im Brückenbau dar“, so Hager. Eine Gedenktafel erinnert am Mainzer Brückenaufgang daher bis heute an Gottwalt Schaper (1873-1942), den Pionier dieser Technik.

Und von der gestalterischen Mühe, die man sich einst beim Bau der Brücke gegeben hatte, zeugt bis heute der Figurenschmuck. Auch auf der rechtsrheinischen Seite wurde übrigens nicht an der Ornamentierung gespart, wie man heute noch in Amöneburg sehen kann. Jetzt dient die Brücke glücklicherweise keinen kriegerischen Zwecken mehr, sondern ermöglicht neben dem regen Güter- und Personenverkehr auch den Regionaltourismus: Fußgänger, Jogger und Fahrradfahrer können hier bequem den Rhein überqueren.

Eva Wodarz-Eichner

So geht’s zu den Nibelungen-Figuren:

Der „Siegfried“ prangt an der Brücken-Nordseite über dem Bogen der Straßenüberquerung Obere Austraße / An der Kaiserbrücke. Von der Haltestelle Mainz Nord aus sind es nur wenige Fußminuten. Fußgängerzugang (Treppenaufgang) zur Brücke über die Straße „Am Zoll- und Binnenhafen“, dort befindet sich auch eine Hinweistafel.

29

Metallgitter

Vom „Fuchsbau“ zum „Beamtengefängnis“

Mainz ist vermutlich die einzige Stadt in Deutschland, in der der Oberbürgermeister und die Stadtverwaltung die meiste Zeit hinter Gittern sitzen. Und das im wahrsten Sinne des Wortes. Natürlich nicht, weil sie sich etwas haben zu Schulden kommen lassen. Der Grund ist viel profaner: „Der Rathaus-Architekt hat es so vorgesehen“, erzählt der Bausachverständige und Diplom-Ingenieur Achim Rüsen.

Der Entwurf des prominent am Rheinufer gelegenen Gebäudes mit den markanten, dunkelbraun eloxierten Metallgittern vor den bodentiefen Fenstern stammt aus der Feder des berühmten dänischen Architekten und Designers Arne Jacobsen (1902-1971), der den Entwurf zusammen mit seinem 1930 geborenen Kollegen Otto Weitling erstellt hatte. Doch wie kommt dieses Musterexemplar skandinavischen Designs ausgerechnet nach Mainz?

Die Gründe dafür reichen ins Spätmittelalter zurück, als die Stadt in der „Mainzer Stiftsfehde“ 1462 ihre Privilegien und damit ihre Unabhängigkeit verloren hatte und fortan von den Fürstbischöfen durch einen eigens eingesetzten „Vizedom“ regiert wurde. Seitdem gab es kein echtes Rathaus mehr, und man musste über Jahrhunderte mit Provisorien wie zuletzt dem Stadthaus am Pulverturm vorliebnehmen. Erst in den 1960er-Jahren führten die Bestrebungen für einen Rathaus-Neubau zum Erfolg: Ein internationaler Wettbewerb wurde ausgeschrieben, in dem schließlich der Entwurf von Jacobsen und Weitling das Rennen machte.

Jacobsen starb aber bereits 1971, kurz vor der Grundsteinlegung und zwei Jahre vor der Fertigstellung. So oblag es Otto Weitling, das mit hellgrauen norwegischen Natursteinplatten („Porsgrunner Marmor“) verkleidete Gebäude an zentraler Stelle von Mainz fertigzustellen. Heute bildet es zusammen mit der angrenzenden Rheingoldhalle, dem weitläufigen, terrassenähnlichen Platz – über dessen bauliche

Außen vergittert: das Mainzer Rathaus.

Öffnung per Freitreppe zum Rhein hin heftig gerungen wurde –, dem Brand-Zentrum und dem verbindenden Brückenturm ein eindrucksvolles, wenn auch längst nicht von jedem geschätztes Ensemble der klassischen Moderne.

Die Mainzer sahen den modernen Funktionsbau jedenfalls seit jeher kritisch: Spitznamen wie „Fuchsbau“ (wegen Jakob „Jockel“ Fuchs, dem populären langjährigen SPD-Oberbürgermeister, nach dem heute auch der Platz vor dem Rathaus benannt ist) oder auch „Beamtengefängnis“ (wegen der dunklen Metallgitter) machten im Volksmund rasch die Runde. Als sich zu Beginn des 21. Jahrhunderts massive Bauschäden zeigten, war sogar zeitweise ein Abriss im Gespräch. Der Denkmalschutz sowie der Name des prominenten Architekten ließen jedoch eher eine Sanierung geraten erscheinen.

Zu diesem Zweck wurden die Metallgitter entfernt und eingelagert, die brüchig gewordenen hellen Natursteinplatten werden abgebaut und durch Keramikfliesen in gleicher Optik ersetzt. „Viele finden das Gebäude ohne Gitter schöner – eben puristischer und auch luftiger“, schmunzelt Rüsen. Doch das bleibt nur eine Episode. Nach Beendigung der Sanierung haben die Mainzer endlich ihr teuer erkauftes Rathaus samt Metallgittern zurück – und das „Beamtengefängnis“ erfüllt wieder seinen ursprünglichen Zweck.

„Viele finden das Gebäude ohne Gitter schöner – eben puristischer und auch luftiger.“

Karsten Eichner

So geht’s zu den Metallgittern:

Das Mainzer Rathaus steht am Jockel-Fuchs Platz 1 an prominenter Stelle in Mainz zwischen Rheinstraße und Adenauer Ufer.

Passend: Der Hauptsitz von Biontech hat die Adresse An der Goldgrube 12 in Mainz.

30

Goldgrube

Vom Flurnamen zum Unternehmensstandort

„Nach Golde drängt, am Golde hängt doch alles! Ach, wir Armen!“ Gretchens Stoßseufzer angesichts des prächtigen Schmucks, den ihr Mephisto listig in die Hände gespielt hat, kennt jeder Schüler, der einmal Goethes *Faust* gelesen hat. Die Tragödie, die als bedeutendstes Werk der deutschen Literatur gilt und ihren Dichter jahrzehntelang beschäftigt hat, ist unfassbar reich an Fragen, Themen, Gedanken und Anspielungen, die sich letztlich um Gut und Böse, um Liebe, Wahrheit, Gott und den Teufel, um Glauben und Zweifel und um noch vieles mehr drehen, was den Menschen und seine komplexe Gedankenwelt ausmachen kann. Zum Beispiel die menschliche Eitelkeit und Gier nach Geld, Macht und Anerkennung.

In der Mainzer Oberstadt gibt es eine Straße, die den schönen Namen „An der Goldgrube“ trägt. Weil hier nur erfolgreiche Menschen leben, die mit ihren Geschäften Reichtümer scheffeln? Oder ist hier wirklich einmal Gold gefunden worden?

„Ganz so einfach ist es nicht“, sagt Dr. Rita Heuser schmunzelnd. Sie muss es wissen, hat sie sich doch in ihrer sprachwissenschaftlichen Dissertation mit den Mainzer Straßennamen befasst und dabei viel Wissenswertes und Unerwartetes ans Licht gebracht. „Tatsächlich geht der Straßenname auf einen alten Flurnamen zurück. Dabei kann das Wort *Goldgrube* ein Ausdruck der Wertschätzung sein für einen guten, ertragreichen Acker. Er bezieht sich aber vielleicht auch auf glimmerhaltige Erde, die die Leute an Gold denken ließ.“ Möglicherweise aber auch auf Bodenfunde wie antike Schmuckstücke oder Münzen, die beim Pflügen zutage kamen, was in Mainz mit seinen zahlreichen römischen Relikten gar nicht so unwahrscheinlich ist.

Dr. Rita Heuser weist auf das Straßenschild An der Goldgrube.

Gesichert ist das jedoch nicht. Außerdem gibt es in vielen Städten ähnliche Straßennamen – man muss nur über den Rhein nach Wiesbaden schauen, wo sich in der Altstadt die Goldgasse befindet. Und „Gold“ muss nicht unbedingt etwas Gutes bedeuten. „Der Begriff *Gold* ist in Örtlichkeitsnamen zweideutig“, erläutert Rita Heuser, „es kann sich auch um einen Euphemismus für einen besonders schlechten, geringwertigen Acker oder eine unsaubere Gegend handeln. Im Mittelalter wurden die Reiniger der Fäkaliengruben Goldgräber oder auch Goldgrübler genannt, und sie wohnten in der Goldgasse.“ Mehr kann man die Wiesbadener Nachbarn wohl kaum entzaubern.

Und wie steht es mit der Mainzer Goldgrube, wo heute nichts mehr an Äcker, an antiken Schmuck oder auch an Jauchegruben erinnert? Seit 2008 steht auf dem Grundstück mit der Adresse An der Goldgrube 12 der Hauptsitz des Biotechnologie-Unternehmens Biontech, das sich auf die Entwicklung und Herstellung von aktiven Immuntherapien, unter anderem zur Krebsbehandlung, spezialisiert hat. Ab Anfang 2020 hat Biontech einen Impfstoff gegen das Coronavirus entwickelt, der, als erster zugelassen, seit Ende des gleichen Jahres erfolgreich für die Impfung gegen das SARS-CoV-2-Virus eingesetzt wird. Ugur Sahin, Mainzer Medizin-Professor sowie Gründer und Vorstandsvorsitzender von Biontech, wurde 2021 zusammen mit seiner Ehefrau und Kollegin Özlem Türeci, ebenfalls habilitierte Ärztin und medizinischer Vorstand von Biontech, für beider Verdienste um die Impfstoffentwicklung im Kampf gegen Covid-19 mit dem Bundesverdienstkreuz ausgezeichnet.

„Der Begriff ‚Gold' ist in Örtlichkeitsnamen zweideutig, es kann sich um einen Euphemismus für einen besonders schlechten, geringwertigen Acker oder eine unsabuere Gegend handeln."

Im Falle von Biontech dürfte der Straßenname „An der Goldgrube" heute im wahrsten Sinne des Wortes zutreffen. Und das durchaus zu Recht. Die Straße hieß aber vorher schon so – ehe sich Biontech dort angesiedelt hat.

Eva Wodarz-Eichner

So geht's zur Goldgrube:

Die Straße mit dem schönen Namen befindet sich in der Mainzer Oberstadt. Auch das Sankt Vincenz Hospital steht „An der Goldgrube".

Der Erker des Hauses Zum Römischen König wird von einem König mit Krone, Zepter und Reichsapfel geschmückt – wie könnte es anders sein?

31

Römischer König

Wo der Rosenmontagszug geboren wurde

Er ist der höchste närrische Mainzer Feiertag: der Tag, an dem die Domstadt Kopf steht, in der Gott Jokus sein Füllhorn voll guter Laune, Witz und Frohsinn über dem Narrenvolk ausschüttet und an dem gefeiert wird. In den Kneipen, den Weinstuben, den Festsälen und vor allem auf der Straße, wenn sich der Rosenmontagszug – der „närrische Lindwurm" – kilometerlang durch Mainz zieht und Hunderttausende am Straßenrand, auf den Tribünen und an den Fenstern singen und feiern: Am Rosenmontag herrscht in Mainz Ausnahmezustand. Mit diesem Tag erreicht die Fastnacht ihren Höhepunkt, der Fastnachtsdienstag, an dem beispielsweise in München alle Narren zur Hochform auflaufen, lässt sich in Mainz deutlich ruhiger an. Er nimmt allenfalls abends noch einmal etwas Fahrt auf, wenn die Uhr unweigerlich der Mitternacht zustrebt und damit die Fastnacht zu Ende ist. „Am Rosenmontag bin ich geboren, am Rosenmontag in Mainz am Rhein! Bis Aschermittwoch bin ich verloren, denn Rosenmontagskinder müssen närrisch sein!", heißt es in dem legendären Fastnachtsschlager der Mainzer Ehrenbürgerin Margit Sponheimer, und närrisch ist am Rosenmontag jeder, der in Mainz etwas auf sich hält.

Eng verknüpft ist der deutschlandweit bekannte Rosenmontagszug mit dem Mainzer Carneval-Verein (MCV), der ihn bis heute ausrichtet. Der MCV war es auch, der die moderne Mainzer Fastnacht, wie wir sie heute kennen, begründet hat – mit Sitzungen, mit der Fastnachtsposse auf der Bühne des Staatstheaters, mit Orden und Narrenkappen, mit dem Zug durch die Innenstadt und der Kappenfahrt.

Die Wiege des MCV stand in der Grebenstraße. Heute reihen sich hier zwischen Dom und der belebten Augustinerstraße Häuser ganz unterschiedlicher Art und Bauweise aneinander – moderne Architektur gibt es ebenso wie Traditionsgebäude, die eng mit der Mainzer Geschichte verbunden sind: Der Erbacher Hof gehört zu ersteren, wenn er auch mittelalterliche Wurzeln hat. Das zeitgenössische Tagungszentrum und Gästehaus des Bistums Mainz fällt vor allem durch sein mit Blei verkleidetes, überproportionales Dach-Gebirge auf. Ganz anders links daneben das zweifellos schönste Haus der ganzen Straße: Es trägt den stolzen Namen „Römischer König" und ist mit einem prächtigen Fachwerk-Erker geschmückt, den seinerseits die Figur eines gekrönten Königs mit Reichsapfel und Zepter in den Händen ziert. Eine Inschrift-Tafel verweist auf die Geschichte des Hauses, dessen Anfänge bis ins Jahr 800 zurückreichen. Rund 1000 Jahre später, im frühen 19. Jahrhundert, war der „Römische König" die erste Adresse der Mainzer Gastronomie – und ist übrigens nicht zu verwechseln mit dem nahe gelegenen „Römischen Kaiser", in dem sich eine atemberaubende barocke Stuckdecke befindet (siehe Geheimnis 18), der heute ein Teil des „Weltmuseums der Druckkunst" ist und im Dachgeschoss die Stadtschreiber-Wohnung beherbergt.

Im „Römischen König" jedenfalls wurde gerne gezecht: „Klar, dass sich hier auch die Gründer des Mainzer Carneval-Vereins trafen", sagt Günter Schenk. Der Journalist, Buchautor und Fastnachtsexperte hat sich in mehreren Büchern mit der Geschichte der Mainzer Fastnacht befasst, zuletzt in seinem 2020 erschienenen Buch *Karneval in*

R(h)einkultur – Zwischen Mummenschanz und Stunksitzung. Bei einem Abendessen im „Römischen König“ seien sie auf die Idee einer Reform der Fastnacht gekommen. Ihr Ziel war es, wie sie schrieben, einen Zug zu gestalten, der „bei Einheimischen wie bei Fremden eine Erinnerung zurückließe, die auf jeden Fall angenehmer wäre als diejenige, welche das frühere Carnevaltreiben hervorgerufen hat“, zitiert Günter Schenk.

Um die Fastnacht stand es seit längerem in der Domstadt nicht gut – im 17. und 18. Jahrhundert beklagten die Mainzer Behörden Schlägereien und betrunkene, lärmende junge Männer in schäbigen Kostümen auf den Straßen, während der Adel hinter verschlossenen Türen zu Maskenbällen lud. Viele Mainzer Bürger hatten den Wunsch, die Fastnacht „in besserer Ordnung und edlerem Geschmack“ zu begehen, wie es auf der Webseite des MCV heißt. 1838 war es dann so weit: Die Geburtsstunde des Mainzer Carneval-Vereins hatte geschlagen.

Günter Schenk steht auf der Treppe zum Haus zum Römischen König. Hier wurde der MCV gegründet.

„Am 24. Januar hatte die *Mainzer Zeitung* eine Einladung zur ersten närrischen Generalversammlung im Saal des ‚Römischen Königs‘ am 25. Januar veröffentlicht. Weitere Treffen folgten kurz darauf – das Ergebnis war der Mainzer Rosenmontagszug“, so Günter Schenk. „Im ‚Römischen König‘ wurden so die Weichen für die organisierte Mainzer Fassenacht gestellt. Erste Eintrittskarten waren die bunten Narrenkappen, die anfangs Jahr für Jahr neu vom sogenannten Kopfschuster gefertigt wurden.“ Vorbild waren dabei die Jakobinermützen der Französischen

Revolution. Die Mainzer Fastnacht steht mit ihrer noch heute charakteristischen politisch-literarischen Ausrichtung nach wie vor in der Tradition des Vormärz, also der Zeit des gesellschaftlich-politischen Stimmungswandels zwischen 1830 und 1848, und damit dem Wunsch nach Freiheit in vielerlei Lebensbereichen. Daher rühren auch die Uniformen der Garden, ihre Orden und ihre militärischen Ränge – sie sind eine Parodie auf den „übertriebenen Korpsgeist und militärischen Drill, den Preußen und Österreicher in der Bundesfestung Mainz vorlebten", erläutert Günter Schenk.

Ebenfalls 1838 wurde die Mainzer Ranzengarde gegründet. Voraussetzung für die Mitgliedschaft: „Wer zwei Zentner brutto wiegt und wenigstens sechs Fuß im Umfange hat, trete vor, er ist zum Mitglied qualifiziert", wie der Gardechef den ersten großen Aufmarsch bewarb. Bald folgten die Kleppergarde und die Haubinger. Heute sind zur Fastnachtszeit rund 4.000 Gardisten aus mehr als zwei Dutzend Gesellschaften unterwegs.

Doch zurück zum MCV: „Die Statuten hatte man fast identisch vom Aachener Carneval-Verein übernommen, die Formen des Festes von den Kölnern. Daraus machten die Mainzer schließlich ihre politische Fastnacht", erklärt Günter Schenk. Die noch heute lebt und gepflegt wird und sich um den Nachwuchs keine Sorgen machen muss – darauf ein dreifach donnerndes Helau!

Eva Wodarz-Eichner

So geht's zum Römischen König:

Die Grebenstraße geht von der Augustinerstraße ab. Das prächtige Haus mit dem markanten Erker fällt gleich ins Auge.

JACOB GOEDECKER
1882 - 1957

32

Gedenkstein

Zentrum der frühen Fliegerei

Klar, Mainz ist gut mit dem Flugzeug zu erreichen. Über der Stadt und dem rheinhessischen Umland herrscht reger Flugverkehr (nicht gerade zur Freude der Anwohner), denn nur einige S-Bahn-Minuten östlich liegt der internationale Rhein-Main-Flughafen, einer der weltweit wichtigsten Airports. Und auch Mainz-Finthen ist ein beliebtes Drehkreuz für Sport- und Geschäftsflieger und sogar für Werbe-Zeppeline. Doch dass die Anfänge der deutschen Luftfahrt ausgerechnet in Gonsenheim zu suchen sind und dass hier einmal ein Hotspot der Fliegerei und der deutschen Flugzeug-Entwicklung gewesen ist, ahnt wohl kaum jemand.

„Im August 1909 wurden die Flugzeugwerke J. Goedecker, Mainz-Gonsenheim, gegründet, der sechste Flugzeugbetrieb im Deutschen Reich", schreibt der Lokalhistoriker Hermann-Dieter Müller, der sich ausgiebig mit Goedeckers Biografie beschäftigt hat, im *Gonsenheimer Jahrbuch*. Heute ist das damalige weitläufige Flug- und Exerzierfeld „Großer Sand", das seinerzeit einen halbwegs passablen Start- und Landeplatz abgab, in Teilen überbaut und in anderen Teilen Naturschutzgebiet.

Auch Goedeckers früheres Flugzeugwerk ist längst verschwunden. Nur am Rande der großzügigen Grünfläche des heutigen Willy-Brandt-Platzes erinnert ein Gedenkstein – er stand früher an der Breiten Straße, bis er vor einigen Jahren näher an die tatsächliche Wirkungsstätte umziehen durfte – an die Pionierleistungen von damals. *Pionier der Luftfahrt* steht folglich auch auf dem Gedenkstein.

Carl Jacob Goedecker (1882-1957) stammt aus einer wohlhabenden Mainzer Familie. Schon früh interessiert er sich für die Fliegerei – ein Onkel steht in engem Kontakt mit Segelflug-Pionier Otto Lilienthal (1848-1896). Nach einem Ingenieurstudium in Aachen und Charlottenburg geht Goedecker zur Gasmotorenfabrik Otto nach Köln-

Hoch hinaus: Die Vorderseite des Gedenksteins für Flugpionier Carl Jacob Goedecker in Gonsenheim.

Deutz, bevor er sich 1909 selbstständig macht. Bereits im gleichen Jahr baut er seinen ersten Prototypen, der der Zeit weit voraus ist: Im Gegensatz zu den damals üblichen „Drahtkisten“ mit ihrem Gewirr aus stabilisierenden Spanndrähten hat der elegante Eindecker bereits freitragende Flächen. Die ersten Flugzeuge entstehen zunächst noch in einer Bootswerft in Niederwalluf, später zieht die Produktion dann nach Gonsenheim um, wo auch die Flugversuche stattfinden.

Weitere Modelle folgen, und 1911 eröffnet Goedecker am Großen Sand sogar eine Flugschule. Zu den zahlreichen Zuschauern, die die ersten Luftsprünge interessiert verfolgen, gehört auch der spätere Schriftsteller Carl Zuckmayer (1896-1977). Der erste Ausbilder wird ein junger Niederländer namens Anthony Fokker (1890-1939) – er soll in den folgenden Jahren eine Weltkarriere als Flugzeugkonstrukteur machen. „Fokker hat im Ersten Weltkrieg sehr viele Flugzeuge für das deutsche Heer gebaut“, weiß der Geograf und Mainzer Universitätsprofessor Dr. Johannes Preuß. „Vor dem Ersten Weltkrieg hat er eine große Fabrik in Schwerin errichtet und nach dem Krieg von dort die Werkzeuge und Maschinen in die neutralen Niederlande gebracht.“ Goedeckers Werkstatt baut für den Niederländer die ersten Flugzeugmuster, wie zum Beispiel die berühmte „Fokker Spinne“. Später vertrauen bekannte deutsche Jagdflieger wie der „Rote Baron“ Manfred von Richthofen (1892-1918, sein Grabmal befindet sich heute in Wiesbaden) auf Fokkers Konstruktionen, etwa den legendären roten Dreidecker „Dr. I“. „Nach dem Krieg sollte Fokkers Fabrik demontiert werden, da hat er alle Maschinen auf die Bahn verladen, in die neutralen Niederlande geschafft und fortan dort Flugzeuge gebaut“, weiß der Experte.

„Vor dem Ersten Weltkrieg hat er eine große Fabrik in Schwerin errichtet und nach dem Krieg von dort die Werkzeuge und Maschinen in die neutralen Niederlande gebracht.“

Obwohl auch Goedecker weitere fortschrittliche Flugzeugtypen konstruiert und viele Achtungserfolge erzielt, ist die große Zeit seines Flugzeugwerks, das eher einer Manufaktur ähnelt, da bereits wieder vorbei. Im Ersten Weltkrieg erhält er vom Militär lediglich Reparaturaufträge, nach Kriegsende besetzen die Franzosen Hallen und Werkstatt. Den Flugplatz verlegen sie auf ein günstiger gelegenes Gelände nach Budenheim, später entsteht dann in Finthen der noch heute existierende Flugplatz. Die Fliegerei in Gonsenheim ist damit vorbei. „Gekämpft wird dort aber auch heute noch, wenn auch ‚nur' um das Naturschutzgebiet", so Professor Preuß.

„Nach dem Krieg sollte Fokkers Fabrik demontiert werden, da hat er alle Maschinen auf die Bahn verladen, in die neutralen Niederlande geschafft und fortan dort Flugzeug gebaut."

Goedecker arbeitet weiter als Konstrukteur, zuletzt bei der Deutschen Forschungsanstalt für Segelflug (DFS) in Darmstadt. Nach dem Zweiten Weltkrieg macht er sich dann noch einmal einen Namen als Hersteller der ersten flugfähigen Modellhubschrauber.

An das Wirken von Goedecker in Gonsenheim und an die Pionierstunden der Fliegerei erinnert neben dem Gedenkstein heute der Name der nahe gelegenen Straße „Am Alten Flugplatz".

Karsten Eichner

So geht's zum Gedenkstein:

Der Gedenkstein steht am Kopfende der Grünanlage Willy-Brandt-Platz in der Nähe der alten Kasernengebäude.

33

Umrisslinien

Warum einige Häuser nur nach vorn blicken

Das ist wirklich merkwürdig: In der Fischergasse finden sich mehrere Häuser, die in zweierlei Farben – oder eher: Farbschattierungen gestrichen sind. Vom gebrochenen Weiß der Fassade setzt sich ein Teil in einem dunkleren Farbton ab, der auch noch von einer grauen Linie begrenzt ist. Es handelt sich um die Rückseiten der Gebäude – zum Salmengässchen hin gelegen –, und auffallend ist, dass sich in diesem Bereich keine Fenster befinden, wenn man von einigen schießschartenartigen Öffnungen einmal absieht. Inken Küpper kennt die Erklärung für beides: die fehlenden Fenster und den andersfarbigen Anstrich.

„Die Häuser haben hinten keine Fenster, weil sie mit ihrer Rückseite direkt an der alten Stadtmauer stehen", erzählt Inken Küpper. Und ebenjener Teil der Wand, bei dem es sich – sozusagen Unterputz – um Stadtmauer handelt, ist andersfarbig gestrichen.

„Die Bebauung hier entstand nach dem Dreißigjährigen Krieg", erzählt die Stadtführerin und studierte Kulturgeografin weiter. „Die Fischergasse hat ihren Namen übrigens nicht von der Berufsbezeichnung, sondern einfach wegen ihrer Nähe zum Rhein." Auch die benachbarten Straßen – Rheinstraße, Fischtorstraße, Fischtorplatz – verweisen auf die Nachbarschaft zum Strom, dessen Uferlinie früher viel dichter an der Innenstadt lag als heute. Alte Ladenschilder, Aufschriften wie *Fisch Halle* und *Rhein & Seefisch Handlung Karl Balzer* an den Häusern zeigen, dass in dieser Gegend in früheren Zeiten gern und viel mit Fischen gehandelt wurde. Auch der Traditionsbetrieb „Fisch Jackob" – 1897 gegründet und damit nach eigener Aussage das älteste Fischfachgeschäft in Mainz – hat gleich um die Ecke in der Fischtorstraße 5 seinen Sitz.

Doch zurück zur Stadtmauer: Die Befestigungen haben eine ebenso bewegte Geschichte wie die Stadt Mainz selbst – angefangen bei den Mauern der römischen Provinzhauptstadt Mogontiacum bis

Massiv: Diese Häuser sind direkt an die ehemalige Stadtmauer gebaut.

hin zu den Bollwerken der „Bundesfestung Mainz“ im 19. Jahrhundert. Die mittelalterliche Befestigung verlief rheinseitig an der heutigen Rheinstraße etwa zwischen Holzturm und Kurfürstlichem Schloss, über die Hintere Bleiche dann bis zum Alexanderturm hinauf und auf Höhe der Kästrichstraße entlang bis zum Gautor. Von dort ging die Mauer über den Eisgrubweg und die Holzstraße wieder bis hinunter an den Rhein.

Einige Reste davon haben sich erhalten, am markantesten ist etwa der hohe schlanke Eisenturm mit seinen prächtigen staufischen Löwenfiguren am Rundbogenportal, der direkt gegenüber dem Rathaus steht (siehe Geheimnis 04). Im Zweiten Weltkrieg wurde er stark beschädigt, aber in den 1960er-Jahren wieder rekonstruiert. Heute finden im Eisenturm Kunstausstellungen statt.

Auch das Heiliggeist-Spital habe direkt in der Fluchtlinie der Stadtmauer gelegen und wurde deshalb in sie miteinbezogen, erzählt Inken Küpper weiter. „Eine kleine Pforte im Spitalgebäude war von der Uferseite her der nächtliche Noteingang zur Stadt, wenn die Stadttore schon geschlossen waren.“ Den Verlauf der Mauer parallel zur Rheinstraße kann man auch heute noch gut nachvollziehen: In gerader Verbindung, ganz in der Nähe des Holzturms, wurde vor einigen Jahren ein Teilstück wieder freigelegt und sichtbar gemacht. Auch in der Hinteren Bleiche ist ein längeres Mauerteil sichtbar – ein Stück Mainzer Stadtgeschichte buchstäblich zum Anfassen.

Karsten Eichner

So geht's zu den Umrisslinien:

Die Häuser stehen in der Fischergasse, nur wenige Schritte vom Gutenberg-Museum entfernt. Die fensterlose, teilweise andersfarbig gestrichene Rückseite zeigt zum Salmengässchen.

Eindrucksvoll: Genau 537 Kilometer sind es bis Paris, immer geradeaus.

34

Wegweiser

Geradewegs nach Paris

Exakt 537 Kilometer sind es von einem riesigen Schild in der Pariser Straße bis zur französischen Hauptstadt. Unübersehbar weist es die Richtung, die geradewegs durch Rheinhessen und die Pfalz führt, direkt nach Paris. Man kennt solche Schilder, die die Entfernung und die Himmelrichtung zu Partnerstädten weisen – Mainz ist aber definitiv nicht mit Paris verschwistert. Warum also wird so ausdrücklich auf Paris hingewiesen, noch dazu auf einer stattlichen, schnurgeraden Straße, die ebenfalls nach der französischen Hauptstadt benannt ist?

Der Grund liegt in der Mainzer Geschichte. Genauer: in der Stadtgeschichte zu napoleonischer Zeit. In den Jahren zwischen 1792 und 1814 war Mainz mehrfach unter französischer Besatzung, und mit Mainz standen auch große Teile Südwestdeutschlands von Andernach bis Basel unter französischer Kontrolle. „Mainz war französisch und der Rhein die Ostgrenze Frankreichs", sagt Peter Kneip, der sich intensiv mit der Stadtgeschichte befasst hat. Mainz – oder vielmehr damals Mayence – war die Hauptstadt des nach dem Donnersberg in der Nordpfalz benannten Departements Mont-Tonnere. „Mainz war weit weg von Paris, und Frankreich wollte die entfernte Region näher an das französische Mutterland binden", erklärt der Innenarchitekt und Buchautor. „Deshalb wurde 1806 begonnen, eine große Straße anzulegen, die von Mainz über Kaiserslautern und Saarbrücken bis Paris führt." Dem ehrgeizigen Projekt kam entgegen, dass es die letzte Etappe von Metz und Reims in die Ile-de-France schon gab.

Da geht's nach Paris: Peter Kneip am Wegweiser an der Pariser Straße.

Die Planer legten die Straße schnurgerade an, zehn Meter breit, mit einer sechs Meter breiten Pflasterung im Innern. Gesäumt wurde die Pariser Straße, die hinter dem Mainzer Gautor beginnt, auf beiden Seiten von Pappeln und anderen Laubbäumen, die den Soldaten bei militärischen Aufmärschen Schatten spenden sollten. Auf das Gelände wurde beim Straßenbau wenig Rücksicht genommen, deshalb verläuft die Pariser Straße geradewegs aus der Stadt hinaus und erstreckt sich über Kilometer hinweg wie mit dem Lineal gezogen durch die Landschaft.

„Normalerweise wird diese alte Allee von Mainz nach Paris als Kaiserstraße bezeichnet. Nicht aber in Mainz und in Rheinhessen, dort heißt sie nach dem Zielort eben Pariser Straße. Und so ist es schon ein wenig erheiternd, wenn in irgendeinem kleinen rheinhessischen Dorf die Hauptstraße großspurig diesen Namen trägt", meint Peter Kneip schmunzelnd.

Verantwortlich für die Straße – und für unzählige andere Projekte in Mainz – war Jeanbon St. André (1749-1813), seit 1801 Präfekt des Departements Mont-Tonnerre (siehe Geheimnis 13). Zunächst war er bei den Mainzern nicht wohlgelitten, wozu vor allem seine ernsthafte Erwägung beitrug, den nach heftigem Artilleriebeschuss 1793 stark beschädigten Dom abbrechen zu lassen. Dass das nicht geschah, ist vor allem dem Mainzer Bischof Joseph Ludwig Colmar (1760-1818) zu verdanken, der auch den Abriss des Speyerer Doms verhinderte. Jeanbon St. André schwebten dennoch große – teilweise auch ausgeführte – Veränderungen im Mainzer Stadtbild vor: So wurde beispielsweise die heutige Ludwigsstraße als „Grande Rue Napoléon“ angelegt und die gotische Martinsburg am Rheinufer (siehe Geheimnis 23) abgebrochen.

Dass sich Jeanbon St. André doch die Achtung der meisten Mainzer Bürger erwarb, lag nicht nur an seiner persönlich bescheidenen Lebensweise, sondern auch daran, dass er sich vor allem auf sozialer, kultureller sowie auf wirtschaftlicher Ebene verdient machte: Er schuf mit einer Gemäldesammlung die Basis des heutigen Mainzer Landesmuseums; auch ließ er den Mainzer Freihafen anlegen und verschiedene Fabriken und Unternehmen gründen. Das Umland profitierte ebenfalls von den Ideen des Präfekten: So verfügte er den Zuckerrübenanbau in der Pfalz, der neben dem Weinbau zu einem wichtigen Wirtschaftsfaktor wurde. Und zudem führt die Pariser Straße durch die Pfalz.

Auch wenn im Spiegel der mehr als 2000-jährigen Stadtgeschichte die französische Zeit in Mainz nur eine Episode war, hat sie dennoch etliche Spuren hinterlassen. Eine findet Peter Kneip ganz besonders sympathisch: „Man sagt den Mainzern heute noch französische Lebensart nach, die sie wohl zu dieser Zeit angenommen haben.“

Eva Wodarz-Eichner

So geht’s zum Wegweiser:

Die Pariser Straße beginnt in der Oberstadt hinter dem Gautor. Das Schild steht etwas stadtauswärts in einem Blumenbeet und weist unübersehbar nach Paris.

8

35

Inschrift

Erinnerung an den Kreuzer „Mainz"

SEEFAHRT IST NOT: So ist es in großen goldenen Lettern in die Kaimauer am Rheinufer zwischen Rathaus und Fischtorplatz eingemeißelt – diese Inschrift bekommt man von der Wasserseite aus gut zu sehen, vom Ufer aus wird sie durch einen Schiffsanlegesteg weitgehend verdeckt. Wer gern liest, weiß, dass dieser Satz zugleich der berühmteste Buchtitel des Marineschriftstellers Gorch Fock (1880-1916) ist. Und weil der in seinem Roman das harte Leben der deutschen Nordseefischer heroisierte, passt er auch irgendwie an die Kaimauer eines Flusses.

In der Tat soll die Inschrift an den Kleinen Kreuzer SMS Mainz der Kaiserlichen Marine erinnern, für den die Stadt – damals Garnisonsstandort und militärisch bedeutende Festungsstadt – 1909 die Namenspatenschaft übernommen hatte. Es war die Zeit einer übergroßen Marine-Begeisterung im ganzen Deutschen Reich, die vom Deutschen Flottenverein und von Kaiser Wilhelm II. (1859-1941) von allerhöchster Stelle maßgeblich gefördert wurde. Gorch Focks Roman verlieh dieser maritimen Euphorie Ausdruck, wurde quasi Pflichtlektüre einer ganzen Generation, in der kleine Jungen bevorzugt in Matrosenhemd und -mütze gesteckt wurden.

„Und wie seitdem das Reich Mainz und den Rhein treulich beschützt und bewacht hat, so soll nunmehr nach des Kaisers huldvollem Willen das Patenkind der Stadt, dieses eisenbewehrte Schiff, mithelfen, das Reich zu schützen." So formulierte es der Mainzer Oberbürgermeister Karl Göttelmann (1858-1928) pathetisch beim feierlichen Stapellauf auf der Vulcan-Werft in Stettin. Seine guten Wünsche sollten allerdings nicht lange in Erfüllung gehen.

Bei der SMS Mainz (die Abkürzung steht für „Seiner Majestät Schiff") handelte es sich um einen Kleinen Kreuzer der Kolberg-Klasse. Das 130 Meter lange Schiff wurde von Turbinen angetrieben und brachte es auf eine Höchstgeschwindigkeit von knapp 27 Knoten

Die Inschrift versteckt sich halb hinter der Rampe.

(rund 50 km/h). Damit war die „Mainz“ schnell und wendig, allerdings nur schwach gepanzert und mit zwölf Geschützen des Kalibers 10,5 Zentimeter auch nur vergleichsweise leicht bewaffnet. Ihre Aufgabe waren vor allem Aufklärungsdienste und die Abwehr von Torpedobooten. Im Kampf mit schwer bewaffneten größeren Kriegsschiffen war sie hingegen hoffnungslos unterlegen.

Das zeigte sich schon gleich zu Beginn des Ersten Weltkriegs am 28. August 1914 im Seegefecht bei Helgoland – dem ersten größeren feindlichen Zusammenstoß von Kaiserlicher Marine und Royal Navy. In dem wegen schlechter Sicht teilweise chaotischen Gefecht hatten die deutschen Schiffe gegen die weit überlegenen und besser geführten britischen Einheiten keine Chance: Innerhalb kürzester Zeit wurden die drei Kreuzer Mainz, Cöln und Ariadne sowie ein Torpedoboot zusammengeschossen und versenkt. Ehe die deutschen Großkampfschiffe aus Wilhelmshaven auslaufen und in das Gefecht eingreifen konnten, war bereits alles vorbei.

Auf der „Mainz“ starben 163 Seeleute, darunter auch Kommandant Wilhelm Paschen. Immerhin: Da das Schiff nur langsam und erst nach dem Öffnen der Flutventile sank, konnten die Briten fast 350 Überlebende retten – darunter auch Wolfgang von Tirpitz, den Sohn von Großadmiral Alfred von Tirpitz (1849-1930), dem Schöpfer der Kaiserlichen Hochseeflotte.

Gorch-Fock-Zitat am Rheinufer.

„Stolz auf ihr Patenkind wird die Stadt Mainz dem Schiffe allezeit eine freundliche Gesinnung bewahren und es auf allen seinen Fahrten mit den besten Wünschen begleiten“ – so hatte es Oberbürgermeister Göttelmann dem ersten Kreuzer-Kommandanten versprochen. Und er hielt auch nach dem Untergang des Schiffes Wort: So veranlasste er, dass den kriegsgefangenen Besatzungsmitgliedern in

England Geld und Tabak geschickt wurde. In Mainz gab es zur Unterstützung ein Wohltätigkeitskonzert. 25 Jahre nach dem Untergang, im August 1939, folgte schließlich die Errichtung einer Steinsäule, die nahe der Inschrift am Ufer steht, mit wehrhaft dreinblickendem Adler und martialischen Inschriften, die von *Deutschem Kreuzergeist* schwärmen und ihn *künftigen Geschlechtern zur Nacheiferung* empfehlen. Zeithistorische Dokumente, die das Gedankengut einer dunklen Epoche der deutschen Geschichte vermitteln. Aktuelle Graffiti auf dem Sandstein verweisen hingegen auf politische Überzeugungen der Gegenwart.

Das Gorch-Fock-Zitat an der Kaimauer erinnert übrigens zumindest indirekt auch an einen weiteren tragischen Schiffsverlust im Ersten Weltkrieg: die Versenkung der SMS Wiesbaden in der Skagerrak-Schlacht 1916. Unter den fast 600 Gefallenen war seinerzeit auch der deutschlandweit bekannte Schriftsteller, der mit bürgerlichem Namen Johann Kinau hieß. Noch heute werden in der namensgebenden Kurstadt ein Werftmodell sowie Relikte des Kreuzers aufbewahrt, darunter ein Rettungsring und das Tafelsilber der Offiziere. Aber das ist nun wirklich ein Wiesbadener Geheimnis.

Karsten Eichner

So geht's zur Inschrift:

Die Inschrift ist an der Rheinuferpromenade (Uferstraße) zwischen der Straße „Am Rathaus" und dem Fischtorplatz angebracht.

36

Doppelter Martin

Wo ist der Bettler?

Der 11.11. ist für Mainz ein ganz besonderer Tag, denn die Fastnacht, die „fünfte Jahreszeit“, beginnt. Er ist aber auch der Tag des Heiligen Martin. Dieser lebte im 4. Jahrhundert und hat der Legende nach als junger römischer Soldat einem frierenden Bettler das Leben gerettet, indem er seinen warmen Mantel mit ihm teilte. In der folgenden Nacht erscheint ihm Christus im Traum, bekleidet mit dem halben Mantel. Er spricht Martin an mit den Worten: „Was ihr getan habt einem von diesen meinen geringsten Brüdern, das habt ihr mir getan“ (Matthäus 25, Vers 40). Daraufhin ließ sich Martin taufen und schied aus der römischen Armee aus. Später wurde er Bischof von Tours, wo er rund 30 Jahre lang wirkte und viel Gutes getan haben soll. Martin starb 397 und wurde am 11. November unter großer Anteilnahme der Bevölkerung in Tours beigesetzt. Sankt Martin ist einer der bekanntesten Heiligen der katholischen Kirche und der erste, der aufgrund seines vorbildhaften Lebens heiliggesprochen wurde und nicht, weil er den Märtyrertod gestorben ist.

Kein Wunder, dass einem der Heilige Martin in Mainz auf Schritt und Tritt begegnet. Denn immerhin ist er der Stadtpatron. Man findet ihn als Figur im Fastnachtsbrunnen, als Skulptur am Gautor oder auch als Relief auf dem Tor zur Domstraße am Dom- und Diözesanmuseum. Der 1000-jährige Dom ist dem Heiligen Martin geweiht, und die größte Glocke im Westturm des Domes, die anno 1809 gegossen wurde und stolze 3.550 Kilo wiegt, trägt seinen Namen. Im Dom selbst gibt es etliche Martins-Darstellungen. Und sogar auf dem Dach ist als Firstzier eine große Martins-Figur zu sehen: Der Heilige sitzt auf seinem Pferd, teilt seinen Mantel und reicht die eine Hälfte dem frierenden Bettler zu seinen Füßen.

Dass man den Heiligen Martin allerdings gleich doppelt zu Gesicht bekommt, ist dann aber doch eher ungewöhnlich. Der eine

Sankt Martin steht einsam auf der Kupferbergterrasse. Wenigstens seinem Doppelgänger auf dem Dach des Doms ist der Bettler noch nicht abhandengekommen.

befindet sich auf der Kupferbergterrasse. Von dort oben hat man einen grandiosen Blick über ganz Mainz. Der Reiter mit dem prächtigen Helm hat den Blick auf die Stadt gerichtet – genauer: auf den Dom. Und eben dort erblickt er sein Abbild: Beide Statuen gleichen sich bis aufs Haar. Nur dass der Reiter auf dem Dach des Doms den Bettler an seiner Seite hat, während der auf der Kupferbergterrasse ganz allein ist. Was ist geschehen? Warum hat Martin einen Zwilling? Und wo ist der zweite Bettler? „Alles hat mit der Restaurierung des Domes in den Jahren von 1925 bis 1928 angefangen“, erklärt Dr. Ulrike Zollfrank. Die promovierte Erwerbsgartenbauerin kennt sich nicht nur auf der Zitadelle aus, wo sie unter anderem Kostümführungen auf den Spuren des berühmt-berüchtigten Räubers Schinderhannes und seiner Geliebten Julchen anbietet, sondern ist auch als rheinhessische Gästeführerin gern in der Stadt unterwegs. „Die beiden steinernen Figuren des berittenen Martin und des Bettlers, die den Dachfirst des Doms geziert haben, mussten entfernt werden. Im Laufe der Renovierungsarbeiten wurde deutlich, dass sie für das Dach eigentlich viel zu schwer waren.“ Obwohl die beiden spätbarocken Figuren seit 1776 als Firstzier auf dem Dach gestanden hatten, wollte man jetzt kein Risiko mehr eingehen. „Also wurden kleinere und leichtere Kopien beider Statuen aus Sandstein angefertigt und am ursprünglichen Standort angebracht, wo sie noch heute den Dom beschützen“, so Ulrike Zollfrank.

Dr. Ulrike Zollfrank vor der Martinsfigur auf der Kupferbergterrasse.

Nur – was sollte jetzt mit den alten Figuren geschehen? „Wir können heute gar nicht mehr rekonstruieren, warum sie getrennt wurden, denn eigentlich gehören Sankt Martin und der Bettler doch unbedingt zusammen", meint die Gästeführerin. Das Reiterstandbild wurde auf das Fort Stahlberg gebracht, wo es jahrzehntelang am Eingang stand und dort ganz aus der Nähe bewundert werden konnte. Als sich das Fort zum Wohnquartier wandelte, wurde die Figur schließlich umfassend restauriert. Seit dem Jahr 2001 steht sie an ihrem heutigen Platz auf der Kupferbergterrasse mit Blick auf den Dom und ihren steinernen Doppelgänger.

Die neue Figurengruppe steht als Firstzier auf dem Dach des Doms. Und zwar vollständig – mit Bettler.

Doch wo ist der Bettler geblieben? Ulrike Zollfrank weiß es: „Er hat sich gar nicht weit von seinem ursprünglichen Standort entfernt", verrät sie. Wer ihn sehen möchte, muss zurück in die Altstadt, denn er hat im Kreuzgang des Doms, rechts neben dem Eingang zum Dom- und Diözesanmuseum, sein neues Zuhause gefunden.

Eva Wodarz-Eichner

So geht's zum doppelten Martin:

Die Figur des Heiligen Martin steht auf der Kupferbergterrasse auf dem Kästrich. Sein Pendant befindet sich auf dem Dom.

STÄDT.
STRASSEN-BAHN
A.D. 1904
Feuerwehr
ZUFAHRT
FREIHALTEN
MAINZER
WERKS-
GELÄNDE
10
39-41

37

Straßenbahn-Portal

Eine Hommage für die erste „Elektrische“

Es steht ein wenig verloren und als Spolie eingebettet in die nüchternen Betriebsgebäude der Mainzer Verkehrsgesellschaft mbH (MVG) am Kaiser-Karl-Ring: das elegante rote Sandsteinportal, das inzwischen keine Funktion mehr hat und reiner Bauschmuck ist. Es ist schon viel älter als die modernen Zweckbauten, die heute die Verwaltung und das Straßenbahndepot der „Mainzer Mobilität“ beherbergen. *Städt. Strassen. Bahn. A.D. 1904* prangt in großen Jugendstil-Lettern unter dem geschwungenen Giebel, geziert vom Mainzer Stadtwappen. Was aber hat es mit der Jahreszahl auf sich – wo doch schon seit 1883 Straßenbahnen in Mainz unterwegs sind?

„1904 war in Mainz das Jahr der Elektrifizierung“, erläutert Marcus Friebertshäuser. Der Bahntechnik-Fan und gebürtige Mainzer kennt sich mit historisch-technischen Entwicklungen bestens aus. „Damals wurde mit einer Fahrspannung von 600 Volt Gleichspannung begonnen.“ Vor 1904 verkehrten vor allem Pferdebahnen in Mainz, außerdem gab es – sogar noch bis 1923 – eine Dampfstraßenbahn auf der Strecke nach Gonsenheim. „Eine elektrisch betriebene Straßenbahn war natürlich viel leistungsfähiger, sauberer und zuverlässiger – sie war die Zukunft“, erläutert Friebertshäuser den großen technischen Sprung nach vorn. Im Volksmund nannte man das öffentliche Verkehrsmittel bald liebevoll ‚die Elektrisch‘“.

In den Gründerjahren wurden die ersten Linien noch von privatwirtschaftlichen Gesellschaften betrieben. Im Zuge der Elektrifizierung übernahm dann die Stadt den Straßenbahnbetrieb – worauf die Sandstein-Inschrift ja auch deutlich hinweist. Und unter städtischer Regie ist der öffentliche Nahverkehr in Mainz bis heute. Die MVG ist eine Tochtergesellschaft der Mainzer Stadtwerke AG.

Die erste Linie, ab Mitte Juli 1904 in Betrieb, führte vom Gutenbergplatz über Schillerplatz, Hauptbahnhof, Kaiserstraße, Boppstraße

Strom für die Straßenbahn: Das schmucke Sandsteinportal erinnert bis heute an die Elektrifizierung.

und Bismarckplatz bis nach Mombach. Rasch wurde das Netz erweitert; eine so genannte „Ringbahn" umrundete die Innenstadt.

Im Laufe der Zeit hat das Liniennetz viele Veränderungen erfahren. In den 1950er- und 1960er-Jahren wurden viele Strecken stillgelegt und durch Busverbindungen ersetzt; die Streckenlänge schrumpfte von 39 auf nur noch 19 Kilometer. „Noch heute sieht man an etlichen Gebäuden in der Altstadt in Höhe des ersten Stockwerks die so genannten Oberleitungsrosetten – einstmals die Befestigungen für die stromführende Oberleitung", sagt Friebertshäuser. Auch elektrische „Oberleitungsbusse" (O-Busse) fuhren gut zwei Jahrzehnte lang in Mainz. „Bis sie schließlich von ihren Dieselschwestern abgelöst wurden", erzählt der Experte. „Eine der Wendeschleifen ist noch heute oberhalb des Bahnhofs Römisches Theater bei der Ritterstraße zu erahnen." Sie sei jedoch damals so eng gewesen, dass dort beim Wendevorgang beinahe regelmäßig der Stromabnehmer heraussprang und mühsam wieder eingehängt werden musste.

Erst in neuerer Zeit gab es wieder eine Erweiterung der Straßenbahn-Gleisanlagen, die in Mainz übrigens die Meterspur haben. So wurde 2004 die enge und steile Gaustraße – bis dahin ein einspuriges Nadelöhr mit ampelgesteuertem Gegenverkehr – zweigleisig ausgebaut: ein weiteres Mainzer Geheimnis (siehe Geheimnis 45). Und mit der „Mainzelbahn" wurde Ende 2016 auch der Lerchenberg mit den großen Medienunternehmen ZDF und VRM an das städtische Schienennetz angeschlossen.

Karsten Eichner

So geht's zum Straßenbahn-Portal:

Das Straßenbahn-Portal befindet sich am Eingang des Betriebsgebäudes der Städtischen Verkehrsbetriebe am Kaiser-Karl-Ring direkt am Bürgersteig.

Es gibt viele Steinmetzzeichen am Mainzer Dom. Diese beiden sind an der Außenmauer in der Nähe des Eingangs zum Dom- und Diözesanmuseum zu sehen.

38

Steinmetzzeichen

Abrechnung im Dom

Kleine, in den Stein eingeritzte Zeichen – manchmal geometrisch, manchmal eher wie eine Rune anmutend – lassen sich im Mainzer Dom an mehreren Stellen entdecken. Friedrich Schneider machte sich im 19. Jahrhundert daran, sie aufzuspüren und zu katalogisieren. Er fand etliche und konnte sie auch einzelnen Epochen zuordnen. Die Frage ist nur: Sind es belanglose Kritzeleien? Oder haben die Zeichen eine Bedeutung – in der Art der Gaunerzinken etwa? Weisen die runenartigen Zeichen womöglich auf alte Kulte hin, die Eingang in christliche Kirchen finden wollten? Denn die Zeichen sind keine Besonderheit des Mainzer Doms, sondern sind europaweit auch an etlichen anderen mittelalterlichen Bauwerken zu sehen. Die Bewandtnis hinter den manchmal an Buchstaben erinnernden, manchmal auch als Symbol deutbaren Zeichen hat schon vielen Betrachtern Kopfzerbrechen bereitet. Was hat es mit diesen mysteriösen Zeichen auf sich?

Ihre Funktion ist leicht zu erklären: Es handelt sich um die Signaturen der Steinmetze, mit denen diese die von ihnen behauenen Steine gekennzeichnet haben. Manchmal als eine Art Künstlersignatur, die sich auf kunstvollen Arbeiten findet, weitaus öfter aber aus einem ganz profanen Grund: Die Zeichen halfen bei der Abrechnung. Wenn die Steinmetzen mehrere Steine behauen hatten, stapelten sie sie und versahen die oberste Reihe mit ihrem Zeichen, damit es auf der Baustelle kein Durcheinander gab und der Meister am Zahltag genau zuordnen konnte, welcher Steinmetz welchen Stapel Steine behauen hatte. Bezahlt wurde exakt nach deren Stückzahl.

Am und im Mainzer Dom sind viele Steinmetzzeichen zu entdecken.

Sein Zeichen durfte der Steinmetz nach dem Abschluss seiner fünfjährigen Lehrzeit an der Bauhütte selbst entwerfen. Er behielt es bis an sein Lebensende. In der Regel ähnelten sich die Steinmetzzeichen einer Bauhütte, wodurch man ableiten konnte, wo ein Steinmetz in die Lehre gegangen war. In einer Abhandlung über mittelalterliche Dombauhütten schreibt Alfred Schottner: „Das Zeitalter der etwa von 1250 – 1500 andauernden ‚himmelsstürmenden Gotik' war zugleich die hohe Zeit der Steinmetzzeichen. An den aus jener Epoche noch vorhandenen Bauwerken sind sie zu Hunderten abzulesen, wobei die Stabform mit Abzweigen bzw. Ästen vorherrscht."

Ganz folgerichtig sind denn auch die Steinmetzzeichen nicht in den ältesten Teilen des Mainzer Doms zu finden. So sucht man sie beispielsweise in der Gotthardskapelle oder in den östlichen Treppentürmen vergeblich. Erst ab dem Ende des 12. Jahrhunderts tauchen sie auf: So am Westchor, der im Jahr 1239 geweiht wurde. Vor allen in den Seitenschiffen gibt es Steinmetzzeichen, Friedrich Schneider zählt nicht weniger als 55. Eine bestimmte Regel, wie die Markierungen zu verteilen sind, lässt sich in ihrer Anordnung nicht erkennen; sie sind im Innern des Gotteshauses ebenso wie an den äußeren Mauern zu sehen. Tatsächlich finden sich in den jüngeren Teilen deutlich mehr Steinmetzzeichen, so beispielsweise am Kreuzgang, der um 1405 fertiggestellt wurde. Sie erinnern bis heute an die Männer, die vor vielen Jahrhunderten das Ihre dazu beigetragen haben, den Mainzer Dom zu bauen.

„Die Steinmetzzeichen erinnern bis heute an die Männer, die vor vielen Jahrhunderten das Ihre dazu beigetragen haben, den Mainzer Dom zu bauen."

Eva Wodarz-Eichner

So geht's zu den Steinmetzzeichen:

Die Steinmetzzeichen befinden sich am Dom an verschiedenen Stellen: beispielsweise an der Außenmauer in der Nähe des Eingangs zum Dom- und Diözesanmusuem.

Initial

Vermächtnis des Verlegerpaares

Ineinander verschlungen sind sie direkt über dem prachtvollen Portal angebracht: Die Initialen *F* und *S*. Das Portal wiederum führt in ein mächtiges, mittig wie durchgeschnitten wirkendes Gebäude im Neorenaissancestil. Und am soliden Eck-Erker aus rotem Sandstein mit der verschnörkelten Aufschrift *Schottenhof* springt einem auf Höhe des ersten Stockwerks ein Relief-Porträt des Erbauers ins Auge, des Mainzer Musikverlegers Franz Philipp Schott (1811-1874). Das ist, man kann es sich denken, auch der Mann, zu dem das Initial über der Pforte gehört. „Franz Schott ist einer der bedeutendsten Förderer des Musiklebens im 19. Jahrhundert", weiß die Kunsthistorikerin und Krimi-Autorin Franziska Franke, deren Bücher sich häufig um Facetten der Mainzer Stadtgeschichte drehen. „Schott Music zählt bis heute zu den weltweit führenden Musik- und Medienverlagen." Ein wenig grimmig schaut der erfolgreiche Verleger freilich drein – gerade so, als missbillige er den heute überaus regen Straßenbahn- und Autoverkehr direkt vor seiner Haustür.

Auf der rechten Seite des Erkers findet sich eine weitere kreisrunde Porträt-Plakette, die im Profil das Antlitz einer eleganten Dame zeigt – das der Gattin des Verlegers.

1844 heiratet Schott die damals 24-jährige Barbara („Betty"), Edle von Braunrasch (1820-1875). Die Ehe wird glücklich, bleibt aber kinderlos. Die künstlerisch begabte Betty führt bald einen eigenen musikalischen Salon im Schott'schen Landhaus in Laubenheim. Zu den Gästen zählen unter anderem Franz Liszt, Richard Wagner, Engelbert Humperdinck und Hans von Bülow.

Betty schätzt vor allem Wagners Musik sehr, und so wird Schott schließlich auch zum Verleger des sächsischen Ausnahme-Komponisten. Richard Wagner (1813-1883) wittert sofort lukrative Einnahmen und nimmt deshalb 1862 sogar im nahen Biebrich Quartier, ist häufig bei den Schotts anzutreffen – und strapaziert die Gastfreundschaft wie

Elegantes Entree: Franziska Franke vor einem der Portale des „Schottenhofs".

auch die finanziellen Möglichkeiten des Verlegers aufs Äußerste. Pekuniäre Erlösung findet der sein Leben lang von Schulden geplagte, weil stets über seine Verhältnisse lebende Komponist aber erst zwei Jahre später beim schwärmerischen jungen König Ludwig II. von Bayern (1845-1886), der Wagner fortan protegiert und ihm sogar bei der Finanzierung des Bayreuther Festspielhauses behilflich ist.

Wurde der ebenso spendable wie menschenscheue „Märchenkönig“ zum Mäzen des Bayreuther „Meisters“, wirkt das Ehepaar Schott wiederum mäzenatisch in Mainz. 1862 beteiligt es sich beispielsweise großzügig an der Errichtung des Schiller-Denkmals auf dem – von da an ebenfalls nach dem Dichter benannten – Schillerplatz. 1865 wird Franz Schott ehrenamtlicher Bürgermeister, in seine Amtszeit fällt die sehnlich erwartete Erweiterung der Festungsstadt in Richtung Gartenfeld. Doch Schott ist gesundheitlich angeschlagen. Er legt 1871 sein Amt nieder und stirbt drei Jahre später während einer Italienreise in Mailand. Seine Frau Betty überlebt ihn nur ein knappes Jahr. „Beide haben ihr Grab auf dem Mainzer Hauptfriedhof“, erzählt Franziska Franke. Dort steht das prächtige Grabdenkmal bis heute.

Mit Highlandern hat der Schottenhof rein gar nichts zu tun - sehr wohl aber mit dem Mainzer Musikverleger Franz Schott.

Nicht nur der weltweit tätige Musikverlag, der nach wie vor seinen Sitz in Mainz hat, erinnert an Franz Schott und dessen Vorväter, bis hin zum Verlagsgründer Bernhard Schott (1748-1809). Auch die Schottstraße in der Nähe des Hauptbahnhofs ist nach dem Verleger und Bürgermeister benannt. Das wohl markanteste Denkmal in der Innenstadt ist jedoch bis heute eben der „Schottenhof“. Anfang der 1870er-Jahre errichtet, *Zur Förderung und Pflege der Musik gestiftet von Franz Philipp Schott und seiner Gattin Betty geborene Edle von Braunrasch*, wie es in großen Lettern an der Seite des Gebäudes mit der Jahreszahl

1875 zu lesen ist. In einer Stiftung überließen die Schotts die weitläufige, erst nach ihrem Tod komplett fertiggestellte Gebäudeanlage der Stadt Mainz, damit diese von den Mieteinnahmen künftig ein Städtisches Orchester bezahlen konnte – hervorgegangen aus dem Theaterorchester, dessen Finanzierung immer wieder gefährdet war. 45 Musiker bekamen so fortan eine gesicherte wirtschaftliche Existenz. Unter dem neuen Dirigenten Emil Steinbach (1849-1919) wurde nun verstärkt Wagner gespielt, 1877 hatte beispielsweise dessen *Siegfried-Idyll* in Mainz seine erste öffentliche Aufführung. Der Klangkörper besteht übrigens bis in die Gegenwart, aktuell als Philharmonisches Staatsorchester.

Ebenso wechselhaft und spannend wie die Mainzer Musikgeschichte ist auch das Schicksal des Schottenhofs, der seinerzeit von keinem Geringeren als Stadtbaumeister Eduard Kreyßig (1830-1897) errichtet wurde. Im Zweiten Weltkrieg wurde der Mittelteil durch Bomben schwer beschädigt und 1969 für einen Durchbruch abgerissen. Seither geht die Straße „Am Schottenhof" quer durch den ehemals U-förmigen Baukomplex und teilt ihn in einen Ost- sowie einen Westflügel, an dessen Vorder- wie Rückseite nun die Straßenbahngleise vorbeiführen. Das zeitweise stark heruntergekommene Gebäude ist mittlerweile hübsch saniert, die kahle Brandmauer mit nachträglich angebauten Balkons verschönert. Dennoch wirkt der Westflügel, an dem sich auch der Erker mit den Stifter-Porträts befindet, nach wie vor an seiner linken Seite wie abrasiert. Vielleicht ist das ja ein weiterer Grund, warum Franz Schott so grimmig dreinschaut – und demonstrativ lieber in Richtung Gaustraße blickt.

Karsten Eichner

So geht's zum Initial:

Es ist über dem Torbogen des Neorenaissance-Portals. Der Westflügel des Schottenhofs steht an der Gaustraße 18. Der Ostflügel steht heute getrennt davon an der Straße „Am Schottenhof", Ecke Stefansplatz.

Christusfigur

Der Hirte mit der Schaufel

Sein Blick ruht auf jedem, der das Haus betritt. Die rechte Hand ist wie zum Gruß oder zum Segen erhoben. Um seine Schulter schmiegt sich voll Vertrauen ein weißes Lamm: Die Christusfigur über dem Eingang des Hauses in der Domstraße 10 trägt ein rostrotes Gewand, und ein sternförmiger Nimbus scheint über ihrem Haupt zu schweben. Das Lamm, das Jesus schützend auf seiner Schulter trägt, weist ihn als den Guten Hirten aus, ebenso der Hirtenstab in seiner linken Hand. Doch ebenjener Hirtenstab mutet merkwürdig an: Ihm fehlt die übliche Biegung und er endet nicht wie sonst in einem gebogenen Metallhaken, sondern hat eine kleine Schaufel am oberen Ende.

„Dieser außergewöhnliche Schäferstab weist die Christusfigur auf ganz besondere Weise als den Guten Hirten aus", erklärt die Mainzer Gästeführerin Bettina Link, die die Jesusskulptur auf einem ihrer unzähligen Streifzüge durch Mainz an einem Wohnhaus des Domkapitels entdeckt hat. „Ein solcher Hirtenstab wird von Schäfern bis heute verwendet." Und sie weiß auch, wie: „Ist die Schafherde an einem Rastplatz angekommen, nimmt der Hirte mit diesem Stab eine kleine Erdmenge in die Schaufel. Er schwingt den Stab mit beiden Händen über den Kopf nach hinten: Die Erde fliegt so ein ganzes Stück weiter. Der Hirte wiederholt diesen Vorgang mehrmals und dreht sich dabei im Kreis. Sein Hirtenhund beobachtet ihn dabei genau. Zum Schluss hat der Hirte damit eine Kreislinie aus geworfener Erde gezeichnet. Der Hund erkennt diese Linie als Grenze und hält die Schafe auf der umzeichneten Kreisfläche, damit keines verloren gehen kann." Das hat sie nicht nur bei ihren Recherchen herausgefunden, auch Gäste aus ländlichen Gebieten haben ihr bestätigt, diese Technik zu kennen und beobachtet zu haben, wenn diese Prozedur – auch nur noch selten – angewendet wird. In der Regel verwenden die Schäfer heute einen transportablen Zaun, der die Tiere beieinanderhält, weiß Bettina Link.

Der Gute Hirte trägt das Lamm über seiner Schulter. In seiner Hand hält er einen außergewöhnlichen Hirtenstab, der von einer kleinen Schaufel bekrönt wird.

Ein treffenderes Attribut kann es demnach für den „Guten Hirten“, wie Jesus Christus in der Bibel charakterisiert wird, kaum geben – zumindest ist es wesentlich volkstümlicher und lebensnäher als der sonst oft dargestellte Krummstab, der seine Wurzeln im alten Ägypten hat: Der Gute Hirte, der sein Leben für die Schafe gibt, kennt jedes einzelne von ihnen, passt auf sie auf und schützt sie vor Gefahren. Die Schafe ihrerseits folgen ihm, kennen seine Stimme und hören auf ihn, so kann man es im Neuen Testament im Johannesevangelium, Kapitel 10, in den Versen 1-18 lesen.

Eben weil diese Christusfigur mit dem außergewöhnlichen Hirtenstab so besonders ist, mag Bettina Link sie sehr. Und nicht nur in ihrem Attribut unterscheidet sie sich von anderen Hausfiguren in der Domstadt: „Viele Mainzer Häuser, vor allem in der Altstadt, sind mit Hausfiguren geschmückt. In der Mehrheit sind dies aber Marienfiguren“, so die Gästeführerin. Über 200 von ihnen gab es vor dem Zweiten Weltkrieg. Als Mainz bei dem verheerenden Bombenangriff am 27. Februar 1945 in Schutt und Asche sank, wurden viele davon zerstört. Aber manche konnten doch aus den Trümmern gerettet werden. Sie wurden restauriert oder auch nach ihrem alten Vorbild neu angefertigt: Heute gibt es noch 60 Marienfiguren in der Stadt, die sich meist in Höhe des 1. Stockwerks befinden – an Hausecken, am Erker oder über der Tür. Ursprünglich wurden solche Hausfiguren an profanen Gebäuden angebracht, um diese unter den Segen des dargestellten Heiligen, der Muttergottes oder des Heilands selbst zu stellen. Vor allem im fränkischen Raum verbreitet, haben Hausmadonnen auch in Mainz eine weit zurückreichende Tradition. Annette Wöhrlin hat sich mit ihrer Kamera auf den Weg durch die Stadt gemacht und alle 60 verbliebenen Figuren für ihr Buch *Mainzer Hausmadonnen* fotografiert.

„Viele Mainzer Häuser, vor allem in der Altstadt, sind mit Hausfiguren geschmückt. In der Mehrheit sind dies aber Marienfiguren.“

Auffällig ist die Unterschiedlichkeit der Hausmadonnen: Mal ist Maria als Mutter mit dem Jesusknaben dargestellt, mal als Himmelskönigin mit Krone und Zepter oder als Immaculata, die auf der Weltkugel zu schweben scheint. Maria steht auf der Mondsichel oder fährt gen Himmel; sie schenkt dem Kind auf ihrem Arm und allen, die sie betrachten, ein gütiges Lächeln oder beweint als trauernde Mutter ihren toten Sohn. „Die frommen Bildwerke, die der Verherrlichung der Muttergottes dienten, gehörten meist zum Heiratsgut und wurden zum Segen und Schutz beim Einzug eines frisch vermählten Paares mit Initialen und Familienwappen an den Häusern angebracht. Es ist nicht nur die religiöse Aura, die von der Beschützerin des Hauses und der Familie ausgeht, sondern in ihrer künstlerischen Gestaltung sind Bürgerstolz und Volksfrömmigkeit vereint“, heißt es in dem Buch von Annette Wöhrlin.

Als älteste Mainzer Hausmadonna gilt die „Madonna aus der Fuststraße“, die um 1250 entstand und heute im Bischöflichen Dom- und Diözesan-Museum steht. Rund 100 Jahre jünger ist die Madonna, die ursprünglich am „Haus zum Korb“ am Brand angebracht war – heute wird das Original im Landesmuseum aufbewahrt, während am Haus eine Kopie zu bewundern ist. Die Tradition der Hausmadonnen setzte sich durch alle Epochen fort, und so sind in Mainz neben gotischen und barocken Figuren (oder deren Kopien) auch moderne Skulpturen zu sehen, wie beispielsweise die Traubenmadonna aus Westerwälder Ton, die für das Eckhaus Mailandsgasse / Rotekopfgasse im Jahr 1988 angefertigt wurde.

So viele Madonnen! Da bleibt die Hausfigur des Guten Hirten in der Domstraße etwas ganz Besonderes.

Eva Wodarz-Eichner

So geht’s zur Christusfigur:

Die Figur des Guten Hirten mit der Schaufel befindet sich über dem Eingang des Hauses Nr. 10 in der Domstraße.

41

Fenster

Türmerwohnung auf St. Stephan

Die katholische Pfarrkirche St. Stephan zählt zu den touristischen Hauptattraktionen in Mainz. Schließlich ist sie weithin für ihre leuchtend blauen Glasfenster bekannt, die der international bekannte Künstler Marc Chagall (1887-1985) seit den späten 1970er-Jahren eigens für das Gotteshaus entworfen hatte. Weit geheimnisvoller und deutlich weniger bekannt sind jedoch die Fenster hoch oben im Turm über der Glockenstube. Hübsche hellgrüne Klapp-Fensterladen umrahmen dort malerische kleine Sprossenfenster. „Dort oben befand sich früher die Türmerwohnung", erzählt Stadtführerin und Kulturgeografin Inken Küpper, „aus den Fenstern hat man einen schönen Rundblick über die ganze Stadt."

Den brauchten die Türmer auch, denn vom Mittelalter bis ins späte 19. Jahrhundert hinein hatten sie eine ganz besonders wichtige Funktion: Sie waren die Feuermelder. In regelmäßigen Abständen – und zwar bei Tag wie bei Nacht – mussten sie einen Rundum-Blick über die Stadt vornehmen, um bei Flammen oder aufsteigendem Qualm sofort Alarm schlagen zu können. Auch Wetterbeobachtung gehörte zu den Aufgaben eines Türmers, der ein städtischer Angestellter war. Der bekannteste unter ihnen war sicherlich Hermann Caspar Schneider (1764-1846), der aus eigener Beobachtung über ein halbes Jahrhundert lang eine Chronik der Stadt Mainz zu Papier brachte, die inzwischen in Buchform vorliegt.

Moderne Feuermelde-Technik machte schließlich den Türmer überflüssig. „Bis vor etwa 110 Jahren war der Turm noch bewohnt", weiß Inken Küpper. Das Wohnen in luftiger Höhe hatte freilich seine Tücken: 204 steinerne und hölzerne Stufen geht es heute nach oben, bis das Niveau der Türmerwohnung erreicht ist. Allerdings stammt das Innere des Turms erst aus jüngerer Zeit: Die verheerenden Bombenangriffe auf Mainz im Zweiten Weltkrieg hatten auch St. Stephan schwer getroffen, die Kirche brannte völlig aus, das Mauerwerk des

Zimmer mit Aussicht: die ehemalige Türmerwohnung, erkennbar an den grünen Fensterläden.

Turms war in der Mitte gespalten. Zeitweise stand deshalb sogar ein Abbruch des Gotteshauses im Raum, doch eine komplizierte Rettungsaktion mit hydraulischen Pressen und Ringankern sicherte schließlich die Bausubstanz des Kirchturms.

Mit dem guten Ausblick von St. Stephan ist auch eine weitere Facette der Mainzer Stadtgeschichte eng verbunden: die Franzosenzeit, speziell die napoleonische Ära. 1813 wurde der – prominent die Altstadt überragende – Turm nämlich auch zur Signal-Endstation der optischen Telegrafenlinie zwischen Mainz und Metz. Sie verlängerte die bereits bestehende Strecke zwischen Paris und dem lothringischen Metz weiter bis an den Rhein und band damit das seinerzeit französische Departement Mont-Tonnerre – Donnersberg –, das in etwa dem heutigen Rheinhessen und dem Saarland entsprach, organisatorisch eng an die Zentralverwaltung in Paris an.

Führt durch Mainz und seine Geschichte: Inken Küpper.

Optische Telegrafen waren vor Einführung der Morse-Technik in der Mitte des 19. Jahrhunderts bereits eine technisch fortschrittliche Möglichkeit, Informationen, wie etwa wichtige politische und militärische Nachrichten, rasch über weite Distanzen zu transportieren. Sie funktionierten dabei nach dem Prinzip der Flaggensignale auf See und der schon in der Antike gebräuchlichen Kette von Signalfeuern.

Erfinder des neuzeitlichen Systems war der Franzose Claude Chappe (1763-1805), der es zusammen mit seinen Brüdern entwickelte und seinen sogenannten Semaphor – was im Griechischen so viel wie „Zeichenträger" bedeutet – bereits 1794 auf einer ersten Strecke (Paris-Lille) erfolgreich zum Einsatz brachte. Bald schon entstanden in Frankreich weitere Linien. Nötig für den Chappe-Telegrafen war eine Kette von Türmen oder hoch gelegenen Aussichtspunkten. „Sie mussten Sichtverbindung zueinander haben", erläutert Inken Küpper.

Möglich waren in der Regel Abstände zwischen zehn und zwölf Kilometern. Um die nächste Station gut sehen zu können – was natürlich nur tagsüber und bei gutem Wetter möglich war –, waren alle Telegrafenstationen mit Fernrohren ausgerüstet. Auf den Türmen wurden hohe Signalmasten installiert, die an ihrer Spitze einen knapp fünf Meter langen beweglichen Balken (Regulator) und an dessen beiden Enden wiederum einen kürzeren schwenkbaren Arm (Indikator) hatten. Über Rollen und Seile konnten diese drei beweglichen Balken in beliebige Stellungen gebracht werden, sodass bis zu 196 gut unterscheidbare Kombinationen möglich waren. Damit übermittelten sie codierte Informationen, die von der jeweiligen Nachbarstation abgelesen und per Signal an die nächstfolgende weitergegeben wurden. Ein funktionsfähiges verkleinertes Modell eines solchen Telegrafen ist im Gutenberg-Museum ausgestellt – wer mag, kann dort selbst ein paar Signale einstellen.

„Sie mussten Sichtverbindung zueinander haben."

Bei guter Sicht konnte ein Zeichen – etwa ein Buchstabe des Alphabets – in einer Minute mehr als 100 Kilometer weit übermittelt werden; für die Strecke Paris-Lille (225 Kilometer, 25 Stationen) brauchte die Übertragung unter optimalen Bedingungen zwei Minuten. Das war deutlich schneller als etwa mit berittenen Boten.

Die im Mai 1813 eröffnete Strecke von Mainz nach Metz besaß insgesamt 22 solcher Stationen quer durch das heutige Rheinhessen und das Saarland. „Sie verlief in etwa auf der Linie Schwabenheim – Bad Kreuznach – Kusel – Saarlouis", erläutert Küpper. Im Mainzer Stadtgebiet war die Endstelle zunächst auf dem Drususstein in der Zitadelle installiert worden, doch bereits im Oktober 1813 zog sie auf den offenbar besser geeigneten, weil deutlich höheren Stephansturm um. Der Signalmast wurde dabei auf der Turmlaterne errichtet.

Doch die Zeit als Telegrafenstation war nicht von langer Dauer: Die im Krieg gegen Napoleon nach Frankreich vorrückenden Preußen unterbrachen die Telegrafenlinie bereits Anfang 1814 wieder. Mit dem Ende der französischen Herrschaft in Mainz war zugleich auch die Station auf dem Turm von St. Stephan Geschichte. 1823 wurde der Signalmast abgebaut, die Turmspitze erhielt wieder ihr ursprüngliches Aussehen.

Doch die Idee vom optischen Telegrafen war damit nicht passé, ganz im Gegenteil: In den 1830er-Jahren führten die Preußen ein ähnliches Telegrafensystem wie die Franzosen ein, etwa auf der strategisch wichtigen Strecke von Berlin über Köln nach Koblenz, also von der Hauptstadt bis in die preußische Rheinprovinz. Der preußische Telegraf hatte sogar sechs bewegliche Arme und ermöglichte dadurch bis zu 4.096 Flügelstellungen, was die Effizienz deutlich verbesserte.

Wer heute den authentischen Nachbau einer Chappe-Telegrafenstation sehen will, muss von Mainz aus gar nicht weit fahren: Auf der „Napoleonshöhe" bei Sprendlingen in Rheinhessen ist seit 2014 ein solches Bauwerk zu bewundern. Und nahe dem Windhäuser Hof in Stadecken-Elsheim erinnert seit 2016 – dem 200-jährigen Jubiläum von Rheinhessen (siehe Geheimnis 21) – ein nachgebauter Semaphor auf einem modernen Stahlgerüst an die letzte optische Signalstation auf der Strecke von Paris über Metz nach St. Stephan in Mainz. Vielleicht sehen mit diesem Wissen viele Besucher die Kirche künftig mit ganz anderen Augen.

Karsten Eichner

So geht's zu den Fenstern:

Der Turm von St. Stephan am Stefansplatz ist von vielen Orten in Mainz zu sehen.

Gleich neben der Ignazkirche erhebt sich der alte Ditsch-Schornstein in den Mainzer Himmel.

42

Schornstein

Himmlischer Brezelduft

Auf alten Bäckereischildern ist sie oft zu sehen, sie flattert als Zunftzeichen im Wind oder wird in Mainz mit Vorliebe zum Spundekäs‘ oder einfach so aus der Hand gegessen: die Brezel. Der „Brezelmann“ ist nicht nur auf Volksfesten mit seiner frisch gebackenen Laugenspezialität unterwegs, sondern ist längst eine Mainzer Institution geworden – ebenso wie die Brezelhäuschen, die in der Innenstadt stehen und Brezeln und andere Snacks ofenwarm verkaufen. Denn von Mainz aus hat die Brezel ihren Siegeszug in die ganze Welt angetreten – oder zumindest war es eine Mainzer Familie, die das verschlungene Laugengebäck bis nach Hamburg,

München und New York gebracht hat: Manch ein deutscher Tourist wollte seinen Augen nicht trauen, als er nach der Jahrtausendwende in den USA ein „German Brezelhäuschen“ mit dem charakteristischen roten *Ditsch*-Schriftzug entdeckte.

Die Journalistin Monika Nellessen kennt das Geheimnis des alten Schornsteins.

Dass die Brezelbäckerei Ditsch lange Jahre ihren Sitz in der Mainzer Kapuzinerstraße hatte – dort, wo man jenseits der trubeligen Augustinerstraße noch ein Stück unverfälschte Altstadt entdecken kann –, weiß heute kaum jemand. „Hier, in der *Vilzbach*, haben einst Schiffer, Fischer und Handwerksleute gewohnt, in einer für Mainz einzigartigen Weise haben sich ihre Häuser aus dem 16. bis 18. Jahrhundert als komplettes Ensemble erhalten“, sagt Monika Nellessen. Die langjährige Leiterin der Mainzer Lokalredaktion der *Allgemeinen Zeitung* hat in der Kapuzinerstraße gleich zwei Geheimnisse zu lüften, die eng miteinander verbunden sind – denn wer würde schon eine Verbindung zwischen der Brezelbäckerei Ditsch, der prächtigen St. Ignaz-Kirche und dem in deren unmittelbarer Nachbarschaft aufragenden Schornstein vermuten?

Doch von vorn: „Die Kirche sollte nach kurfürstlichem Willen alles, aber bloß keine Bauernkirche sein. Also kopierten die Mainzer für Sankt Ignaz die hochherrschaftliche Fassade der Pariser Kirche Saint Gervais“, erklärt die Journalistin. „Die Ignaz-Figur über dem Portal stiftete Anton Gett, der 1783 in der Kirche bestattet wurde. Er war Bäckermeister – da kann es kein Zufall sein, dass unmittelbar neben der Kirche die Erfolgsgeschichte der Mainzer Brezel begann“, fügt sie schmunzelnd hinzu. Wilhelm und

Christine Ditsch, die 1919 ihre erste „Bäckerei für Brezel und Laugengebäck“ gegründet hatten, zogen 1940 mit dem Betrieb in das jahrhundertealte Haus Kapuzinerstraße 38. Doch schon fünf Jahre später, Wilhelm Ditsch und sein Sohn Heinz waren im Krieg, wurde beim letzten und schwersten Bombenangriff auf Mainz am 27. Februar 1945 auch die Brezelbackstube zerstört. Als die beiden 1947 aus der Gefangenschaft zurückkehrten, bauten sie sie in Eigenarbeit wieder auf – und es ging immer weiter aufwärts. Heute betreibt die Brezelbäckerei Ditsch über 200 Filialen allein in Deutschland und zählt zu den weltweit führenden Produzenten für Laugengebäck.

Das hätte sich Wilhelm Ditsch sicher nicht träumen lassen, als er in der Kapuzinerstraße seine Brezeln schlang. Der hohe Schornstein, der sich heute noch direkt neben der Ignazkirche in den Mainzer Himmel erhebt, gehörte zu seinem Haus. Monika Nellessen hat nachgeforscht und dafür mit Altstadt-Urgestein und Installationsmeister Konrad Schué sowie mit Bezirksschornsteinfeger Michael Bauer gesprochen, die eine verblüffende These aufstellen: „Über einen unterirdischen Kanal ist die Heizung der Kirche mit diesem Schornstein verbunden. Vielleicht war ein paar Jahrzehnte lang auch die Backstube angeschlossen und Brezelduft ist in den Himmel gestiegen.“

Wie auch immer – heute lässt sich auf dem Platz vor St. Ignaz hervorragend speisen, ob eine Brezel dabei ist oder nicht. Monika Nellessen sagt dazu: „Gutes für Leib und Seele zu tun – in der Kapuzinerstraße liegt das bis in die Gegenwart hinein nah beieinander.“

Eva Wodarz-Eichner

So geht's zum Schornstein:

Der Schornstein befindet sich an der Rückseite der früheren Brezelbäckerei Ditsch direkt neben der St. Ignaz-Kirche in der Kapuzinerstraße.

Luftschutztür

Eingang in die Mainzer Unterwelt

Wer die Salvatorstraße in Richtung Rhein hinunterfährt oder -läuft, wird sie rechter Hand wohl kaum beachten: Mitten in die graue Steinbefestigung des Hangs oberhalb der Bahngleise ist eine unscheinbare, massive Metalltür eingelassen. „Das ist eine originale Luftschutztür aus dem Zweiten Weltkrieg", erklärt Achim Rüsen. Der Diplom-Ingenieur in Diensten der Gebäudewirtschaft Mainz kennt den Eingang in die Mainzer Unterwelt in Sichtweite des Bahnhofs „Mainz Römisches Theater" haargenau – schließlich hat er selbst dafür gesorgt, dass Unbefugte hier keinen Zutritt mehr bekommen.

„Die Tür haben wir aus einem Abbruchhaus in der Boppstraße gerettet und dann an dieser Stelle neu eingesetzt", erzählt Rüsen. Seit einigen Jahren bewahrt die solcherart versetzte historische Tür nun ein veritables Mainzer Geheimnis – nämlich unterirdische Gänge, die als Luftschutzstollen während des Zweiten Weltkriegs angelegt wurden. Das enge und heute unbeleuchtete Gangsystem ist – Stand 2021 – nicht öffentlich zugänglich, doch für die *Mainzer Geheimnisse* bringt Achim Rüsen zumindest ein Stück weit Licht ins Dunkel der Geschichte.

„Kabel und Lampen wurden schon vor vielen Jahren von Metalldieben gestohlen", bedauert er und zeigt mit der Taschenlampe an die Decke des gut zwei Meter hohen gemauerten Stollens, wo rostige Kabelhalter an die einstige Beleuchtung erinnern. Denn schon nach wenigen Metern ist das Tageslicht wie verschluckt – erst recht, sobald man die erste von mehreren 90-Grad-Biegungen hinter sich hat. „Damit sollte die Druckwelle von Bombentreffern gebrochen werden – sie lief sich hier einfach tot", weiß Rüsen. Weit in den Hügel hinein ziehen sich die Gänge, sie reichen hinauf bis zum Rosengarten und auf der anderen Seite hinunter bis zum Südbahnhof, dem heutigen Bahnhof „Mainz Römisches Theater".

„Dort stand einst das Neutor", so Achim Rüsen. Heute ist davon

Open Air: Achim Rüsen öffnet fürs Foto die historische Luftschutztür.

nicht mehr viel übrig, nur unterhalb der Bahnlinie, hinter dem Parkhaus des CineStar-Kinokomplexes, können Interessierte noch etwas von der massiven Toranlage erahnen. Auch der Name „Neutorstraße" erinnert an den ehemaligen Südeingang von Mainz. An dieser Stelle sind die Gänge dann nicht mehr aus dem 20. Jahrhundert, sondern reichen in die Epoche der Bundesfestung im 19. Jahrhundert zurück, teilweise sogar bis in die Barockzeit. „Der Boden in Mainz ist seit jeher durchlöchert wie ein Schweizer Käse", resümiert der Ingenieur.

Was während des Bombenkriegs Zufluchtsstätte für viele Mainzer war – und in der Nachkriegszeit zeitweise eine illegale unterirdische Party-Location –, ist heute verlassen und dient streng geschützten Fledermäusen als Unterschlupf. Über der Luftschutztür hat Rüsen deshalb ein schlitzartiges Einflugloch anbringen lassen.

In der Zitadelle – im massiven Erdwall rechts neben dem Südwesttor der Festung – findet sich übrigens ebenfalls ein eigens angelegter Luftschutztunnel mit einer ähnlichen massiven Eisentür. „Dort war der Zugang früher nur halb so hoch, wir haben ihn extra erweitern lassen", sagt der Mainzer Bausachverständige. Daneben sind heute zwei „Einmannbunker" aus dickem Beton aufgestellt, die eher an einen Kegel und eine Litfaßsäule erinnern und früher entlang der Mainzer Eisenbahnstrecken den Beschäftigten rudimentären Schutz vor Bombensplittern und Bordwaffen-Beschuss boten. Militärgeschichte ist in der ehemaligen „Festung Mainz" eben allgegenwärtig.

Karsten Eichner

So geht's zur Luftschutztür:

Die dunkelgraue Luftschutztür befindet sich in der Salvatorstraße, eingelassen in eine Steinmauer etwa auf halbem Weg zwischen Zitadellenweg und der Einmündung in die Rheinstraße bzw. Weisenauer Straße.

In Stein gemeißelt: Kurfürstliches Privileg zum Bierbrauen aus dem Jahr 1677.

44

Chronogramm

Im Grünen Wald versteckte Jahreszahl

Es fällt sofort ins Auge, das markante Eckhaus an der Schönbornstraße. In der Altstadt gelegen, unweit des Kirschgartens, gehört diese Gegend rund um den stattlichen Gebäudekomplex mit den Hausnummern 11 und 13 zur Denkmalzone. Den kantigen Erker an der abgeschrägten Ecke von Haus Nummer 13 ziert eine Tafel mit einem Wappen und einer lateinischen Inschrift: „Da haben wir als Kinder davorgestanden und gerätselt, was das wohl heißen könnte“, sagt Franz Winkler. Der frühere Feuerwehrmann und „Urmainzer“ war schon als kleiner Junge in der Altstadt unterwegs, kennt jede Ecke und kann zu den meisten auch eine Geschichte erzählen – wie beispielsweise zu dem alten, nahezu versteinerten Baumstamm, der da steht und angeblich ein Relikt aus den alten Kirschgärten sein soll, die vor Jahrhunderten dort angelegt waren. Dass er aber ein Eichenstamm ist und deshalb gar nicht aus den alten Kirschgärten stammen kann, ist allerdings längst kein Geheimnis mehr, das gelüftet werden müsste.

Ganz im Gegensatz zu der Tafel mit der Inschrift in der Schönbornstraße. Während das Gebäude aus rotem Backstein im Auftrag des Mainzer Stadtbaumeisters und -planers Eduard Kreysig (1830-1897) erst in den Jahren 1881 bis 1883 errichtet wurde, stammt die Tafel aus einem viel älteren Gebäude, das vorher an dieser Stelle gestanden hatte. „Solche sogenannten Spolien wurden früher oft in neue Häuser integriert", erklärt Franz Winkler. Das geschah, um eine Erinnerung zu bewahren, oder auch – vor allem – wenn die Spolie bewusst verkehrt eingebaut wurde, um zu zeigen, dass man eine Kultur oder eine Tradition als überwunden betrachtete. In der Mainzer Schönbornstraße schlägt die Tafel aus dem 17. Jahrhundert die Brücke zur Historie des Viertels: Bevor die roten Backsteinhäuser erbaut wurden, stand dort das „Amptsche Anwesen" namens „Zum Grünen Wald". Dort war unter anderem eine Brauerei untergebracht – doch bei einem Brand versanken die Häuser auf dem Grundstück in Schutt und Asche. Die Tafel allerdings, die das Brauhaus geziert hatte, konnte gerettet und in den Neubau integriert werden: *IN DEN NEUBAU EINGEFUEGT 1883*. Sie trägt die lateinische Inschrift *ILLVSTRI ELECTORIS MAGNIFICI BENEFICIO CEREVISIAE IVS TECTA ISTA HABENT*. Darin wird auf das vom Kurfürst verliehene Recht, in diesem Haus Bier zu brauen, verwiesen. Name und Wappen des Kurfürsten Damian Hartard von der Leyen

Die Tafel mit der mysteriösen Inschrift ist an dem auffälligen Eckhaus angebracht.

(1624-1678), ebenso auf der Tafel angebracht, bürgen für die Richtigkeit dieses Privilegs.

Allein schon die Tatsache, dass sich die alte Brauerei-Tafel erhalten hat und noch heute für den Hausnamen „Zum Grünen Wald“ verantwortlich ist, ist etwas Besonderes. Aber da geht noch mehr: „Wenn man sich die lateinische Inschrift genauer anschaut, fällt auf, dass manche Buchstaben größer sind als die anderen“, sagt Franz Winkler. Das trifft auf die Buchstaben I, L, V, C und M zu – Buchstaben, die auch für römische Zahlzeichen stehen. Interpretiert man die größeren Buchstaben in der Inschrift auf der Tafel als römische Zahlen und addiert diese, kommt man auf 1677: das Jahr, in dem das Bierbrauerprivileg an das Brauhaus zum „Grünen Wald“ verliehen wurde.

„Wenn man sich die lateinische Inschrift genauer anschaut, fällt auf, dass manche Buchstaben größer sind als die anderen.“

Solche sogenannten Chronogramme wurden erstmals im Mittelalter verwendet, waren besonders während der Renaissance und in der Barockzeit beliebt und sind tatsächlich nie ganz verschwunden. Auch in modernen Bauwerken werden sie manchmal eingesetzt. Das Chronogramm in der Schönbornstraße jedenfalls birgt ein Rätsel aus einer lange vergangenen Zeit. Wie schön, wenn es geknackt werden kann.

Eva Wodarz-Eichner

So geht's zum Chronogramm:

Das Eckhaus steht in der Schönbornstraße. Das Chronogramm hängt an der Ecke zwischen der oberen und mittleren Fensterreihe.

Schwaben Bräu
Mayer
LANDBÄCKEREI
RESTAURANT
WEINBAR
50 Hechtsheim
208

Schienen

Deutschlands steilste Straßenbahnstrecke

Schmal und mit einer großen Rechtskurve führt die Gaustraße vom Schillerplatz hinauf in die Oberstadt. Die Straßenbahn muss sich auf dieser Strecke kräftig ins Zeug legen, um die Steigung zu bewältigen. „Kein Wunder", lacht Marcus Friebertshäuser, Mainzer Bahntechnik-Fan und großer Kenner von Eisen- und Straßenbahnen: „Mainz hat hier die steilste Straßenbahnstecke in ganz Deutschland. Und die Bahnen schaffen den Anstieg allein mit Adhäsionskraft, also mit Reibungskraft." Will heißen, dass die Haftung der Metallräder auf den Schienen noch dazu ausreicht, die Fortbewegung zu garantieren und am Berg nicht durchzudrehen. Anderswo müssen bei noch steileren Strecken hingegen Zahnradbahnen ran, beispielsweise in den Schweizer Alpen. Oder gar ein Kabelbetrieb wie bei San Franciscos „Cable Car" oder bei der Wiesbadener Nerobergbahn, um die schweren Wagen die steile Steigung hochzuziehen. Doch die Mainzer „Elektrische" schafft die exakt 9,549 Prozent Steigung, die ihr den Deutschlandrekord sichern, auch ganz ohne technische Hilfsmittel allein mit der Kraft ihrer Elektromotoren.

„Die Bahnen schaffen den Anstieg allein mit Adhäsionskraft, also mit Reibungskraft."

Ausführliche Tests waren trotzdem nötig, um den störungsfreien Betrieb auch bei einer voll besetzten Tram sicherzustellen. „Eines Nachts lange nach Betriebsschluss habe ich miterlebt, wie man eine Bahn mit Sandsäcken beladen hat und immer wieder die Gaustraße hoch- und runterfahren ließ. Die Sandsäcke simulierten dabei das Gewicht der Fahrgäste", erzählt Friebertshäuser. „Es handelte sich damals um einen neu in Mainz einzusetzenden Wagentyp, der vor seiner Indienststellung auf Herz und Nieren geprüft wurde. Er musste dazu eben auch auf dem steilsten Streckenabschnitt mit simuliert voller Belastung seine Tauglichkeit für die Mainzer Topografie unter

Steil, steiler, Gaustraße.

Beweis stellen." Die bietet auch noch viele weitere kurvige und steile Abschnitte, beispielsweise auf der Strecke der „Mainzelbahn" in Richtung Lerchenberg. Doch die Gaustraße bleibt gewissermaßen das Sahnestück für Tram-Liebhaber aus nah und fern.

Eng geht es immer noch zu.

Seit 2004 fahren die Bahnen im regelmäßigen Betrieb tagein, tagaus auf Deutschlands steilster Straßenbahnstrecke. Vorher war es hier deutlich komplizierter, da sich in der engen Gaustraße stellenweise beide Fahrtrichtungen ein Gleis teilen mussten und eine Ampel den Gegenverkehr regelte. Alles passé: Ein Abriss und Neubau mehrerer Häuser in der engen Kurvenstelle, verbunden mit einer Straßenverbreiterung, schufen auch der Tram mehr Raum und durchgängig doppelte Gleise.

Auch andere Städte haben in der Vergangenheit den Titel der steilsten Straßenbahnstrecke für sich beansprucht, etwa Remscheid, Neunkirchen/Saar oder Augsburg. Aber nur in Mainz kann man das Vergnügen einer solchen Berg- und Talfahrt tagtäglich erleben, und zwar mitten in der Innenstadt. Als Eintrittskarte für die dosierte Prise Nervenkitzel reicht schon ein Kurzstrecken-Fahrschein.

Karsten Eichner

So geht's zu den Schienen:

Die Straßenbahnstrecke liegt in der Innenstadt zwischen den beiden Haltestellen „Schillerplatz" und „Am Gautor".

So breit waren die römischen Wagen! Peter Kneip vor den beiden Rillen im Schwellenstein, die die antiken Wagen in den Stein gegraben haben.

46

Wagenspur

Mit dem Römerkarren unterwegs

Mainz, Kästrich, 21. Jahrhundert: Zwischen Wohnhäusern spielen Kinder, Fahrradfahrer und Spaziergänger sind unterwegs. Ein paar Autos biegen um die Ecke, Menschen mit großen Einkaufstaschen kommen nach Hause, während sich Mütter mit Kinderwagen aufmachen, um noch eine Runde zu drehen. Ein ganz normaler Spätnachmittag.

Mogontiacum, Castrum, 1. Jahrhundert: Im Lager herrscht hektische Betriebsamkeit. Soldaten sind unterwegs, Händler fahren mit großen Karren die breite Hauptstraße entlang, rempeln fast die Menschen um, die dort entlanglaufen. Lautes Stimmengewirr mischt sich mit dem Geräusch der Räder auf dem steinernen Pflaster. Ein ganz normaler Spätnachmittag.

Beide Alltagsszenen spielen in Mainz. Genauer: auf dem Kästrich, wo es vor rund 2.000 Jahren ein römisches Militärlager gab. Die Spuren der Räder, die die Römerkarren im Laufe der Jahrhunderte in den Stein gegraben haben, sind dort noch heute zu sehen und überbrücken die Jahrtausende.

Doch der Reihe nach: „Wenn man in Mainz gräbt, findet man etwas Römisches" – das ist nicht nur eine Redensart in der Stadt, sondern ganz oft auch wirklich wahr. Tatsächlich hat sich aber einiges auch oberirdisch erhalten, wie etwa der gigantische Drususstein oder die „Römersteine", Reste einer Wasserleitung, die das frische Nass aus Finthen in die Stadt brachte.

„Die Relikte sind weit in der Stadt verstreut, was auch zeigt, wie groß schon Mogontiacum gewesen sein muss", sagt Peter Kneip. Der Kenner der römischen Vergangenheit der Stadt empfiehlt sogar, auf den Spuren der Römer durch Mainz zu radeln – am besten geleitet von einem im Touristik-Service-Center am Brückenturm erhältlichen Routenplan, der 19 Stationen aufweist: unter anderem das Heiligtum der Isis und Magna Mater, das im Untergeschoss der Römer-Passage zu sehen ist und den Besucher von der betriebsamen Hektik der modernen Einkaufspassage in eine ganz andere Welt versetzt. Oder auch die römischen Schiffswracks, die in den 1980er-Jahren unter großer Anteilnahme der Öffentlichkeit ausgegraben wurden und heute konserviert und rekonstruiert im Museum für Antike Schifffahrt zu sehen sind. Nicht zu vergessen das Römische Theater, dessen Fundamente 1884 gefunden wurden. Die Bühne befand sich auf einer erhöhten Fläche über dem Rhein, das Publikum saß in halbkreisförmig angeordneten Reihen. Das Mainzer Theater ist das größte nördlich der Alpen: Es fasste rund 13.000 Zuschauer und hatte einen Durchmesser von 116 Metern – damit übertrifft es auch die bekannten römischen Theater in den französischen Städten Orange und Lyon. Der mächtige Drusus-Stein an der Südwestseite der Zitadelle dürfte sogar eines der bekanntesten Bauwerke in der ganzen Stadt sein – gibt es überhaupt noch ein römisches „Geheimnis" in Mainz? Gibt es – nämlich ebenjene oben bereits beschriebenen Rillen.

Wer auf dem Kästrich unterwegs ist, macht sich bestimmt nicht sofort klar, dass sich dort einmal ein römisches Legionslager befand. Erst wenn man auf die Treppen mitten im Wohngebiet stößt, die rund drei Meter zu Mauerresten hinunterführen, wird man mit wenigen Schritten in die Römerzeit versetzt: Reste eines spätrömischen Stadttores sind ebenso zu sehen wie Mauerrelikte, die zu der antiken Stadtmauer gehörten. Das Tor wurde beim Bau der modernen Wohnanlage auf dem Kästrich entdeckt. Bei Ausgrabungsarbeiten wurden dann 1985 das Tor – übrigens das einzige in Teilen erhaltene römische Stadttor in Mainz – , Mauerstücke sowie Reste der ehemaligen Lagerstraße freigelegt. „Und die eingeschliffenen Rillen im Schwellenstein", erklärt Peter Kneip, „die Schwellensteine bewirkten, dass man nicht schnell durch das Tor fahren konnte, weil sie nur zwei schmale Spalten für die Räder ließen. In diesen Spalten haben sich dann die Spurrillen eingegraben." Die Fahrspuren in den Pflasterplatten sind knapp zwei Meter breit, sie entsprechen den gängigen Spurbreiten der römischen Fahrzeuge und weisen darauf hin, dass die Straße viel befahren wurde, dass dort also ein reger Betrieb herrschte: Ein Wagen nach dem anderen passierte das Tor. Und das über Jahrhunderte hinweg – so lange, dass sich die Spuren sogar in den Stein gruben und bis heute vom Leben im römischen Mogontiacum erzählen.

Dessen Geschichte beginnt im 1. Jahrhundert nach Christus und ist eng mit dem Namen Drusus verbunden. Als Stiefsohn des römischen Kaisers Augustus war er vier Jahre lang der Oberbefehlshaber des römischen Heeres am Rhein. Er hatte vor, die Grenze des Römischen Reiches bis zur Elbe zu verschieben, und führte mehrere Feldzüge in Germanien. Er starb im Alter von 29 Jahren auf tragische Weise: Auf dem Rückweg zum Rhein fiel er vom Pferd, brach sich den Schenkel und starb 30 Tage später an den Folgen der schweren Verletzung. Sein Leichnam wurde nach Mogontiacum gebracht. Nach der großen Totenfeier wurde er feierlich nach Rom überführt. Der monumentale „Drususstein" dürfte als eine Art Denkmal für den Feldherrn errichtet worden sein. Hier hielten die römischen Soldaten jedes Jahr Reiterspiele zu seinen Ehren ab. „Dieses Ehrenmal stand in der römischen Zeit an der Gräberstraße außerhalb des Lagers. Durch das stetige Wachsen der Stadt und die Anlage von Befestigungen im Laufe der Geschichte ist das Monument inzwischen von der Zitadelle einverleibt und prangt auf einer der Eckbastionen", erklärt Peter Kneip.

Es war Drusus' Verdienst, dass das „castrum Mogontiacum", das seit dem Jahr 12 v. Chr. Standort zweier Legionen war, fest mit Wall und Palisaden ausgebaut wurde. Der Name „Kästrich" weist bis heute auf den Ort des Römerlagers – castrum – hin, während der Name „Mogontiacum" auf die Kelten zurückgeht, die eine nahegelegene Siedlung nach dem Gott Mogon benannt hatten. Vom Castrum aus konnte man die Ebene bis zum Taunus und zum Odenwald überblicken, zudem die neu geschaffene feste Holzbrücke nach Kastel und den Brückenkopf überwachen.

Während der ersten hundert Römerjahre in Mainz waren dauerhaft zwei Legionen stationiert, zeitweilig sogar drei oder vier – Mainz bildete damit ein wichtiges Verwaltungszentrum des Imperiums. Zeitweise waren 30.000 Legionäre stationiert, mit Tross konnten es rund 50.000 Menschen sein. Dazu kam noch die Zivilbevölkerung aus Händlern und Handwerkern, die unten in der Stadt lebte – erst im 19. Jahrhundert erreichte Mainz wieder diese Einwohnerzahl, wie Peter Claus Hartmann in seiner *Kleinen Mainzer Stadtgeschichte* schreibt.

Die um die Mitte des 3. Jahrhunderts erbaute Stadtmauer schloss teilweise direkt an das Militärlager an. Rund 100 Jahre später wurde dieses Castrum abgerissen, als sich die römischen Truppen unter dem Druck der Germanen zurückzogen. Um die entstandene Lücke zu schließen, legten die Römer eine neue Mauer an und integrierten dabei Teile von älteren Gebäuden, was durchaus gängige Praxis war. Ein Tor unterbrach diese Spolienmauer – die Straße, die durch das Tor führte, dürfte die frühere Hauptstraße des Lagers gewesen sein. Die tiefen Wagenspuren in den Steinplatten des Fahrwegs zeugen noch heute vom pulsierenden Leben in Mogontiacum.

Eva Wodarz-Eichner

So geht's zur Wagenspur:

Die Ruinen des Römertors mit den Wagenspuren finden sich beim Haus mit der Adresse Kästrich 61.

Massive Mauern: Hier waren die Geschütze einst gut geschützt.

47

Hohltraverse

Garage für Geschütze

Der Drususstein auf der Zitadelle gehört unter den erhaltenen römischen Bauwerken in Deutschland zu den herausragendsten – geschichtlich wie auch rein optisch. Weit weniger auffällig ist hingegen ein kleiner Bau, der sich halb versteckt in den Festungswall hinter dem antiken Grabdenkmal duckt. Und das ist auch so gewollt. „Das ist eine Hohltraverse", weiß Gästeführerin und Zitadellen-Expertin Dr. Ulrike Zollfrank.

Traversen sind eine Erfindung aus dem Festungsbau der Neuzeit. Die Architekten waren gezwungen, der immer größer werdenden Effektivität der Artilleriegeschosse, die bei Belagerungen zum Einsatz kamen, etwas entgegenzusetzen. Zum Schutz der eigenen Truppen wurden daher sogenannte Traversen eingezogen – also in regelmäßigem Abstand im rechten Winkel abgehende Mauern. „Sie sollten den Bereich hinter der Wallanlage unterteilen und so die Soldaten vor

Querfeuer und Splittern schützen", berichtet Ulrike Zollfrank. „Eine Hohltraverse diente als Unterstand für Geschütze oder Munition, die bei Bedarf auf dem Wall eingesetzt werden konnten", sagt die Expertin. Die im 19. Jahrhundert errichtete und mittlerweile renovierte Hohltraverse auf der Bastion Drusus war und ist an drei Seiten sowie an ihrer Oberseite mit viel Erde umgeben, um bestmöglichen Schutz vor Beschuss und Querfeuer zu bieten. Auf der vierten Seite, die dem Inneren der Zitadelle zugewandt ist, verschloss ursprünglich ein Tor den Unterstand.

Heute erlaubt ein massives Metallgitter den Blick in den gemauerten Innenraum der Geschütz-Garage mit ihrem groben Tonnengewölbe. Sie bot ursprünglich Platz für zwei Kanonen; in seitlichen Nischen war zudem ausreichend Raum für Pulver und Kugeln. Es gab auf der Zitadelle wohl auch mindestens eine zweigeschossige Hohltraverse – dabei befand sich das Munitionsmagazin im Untergeschoss. Bei Bedarf konnte die Munition mittels eines mechanischen Aufzugs nach oben befördert werden.

Die im Jahr 1661 fertiggestellte Bastion Drusus der Zitadelle hat rund um die Hohltraverse weitere interessante Geheimnisse zu bieten – zum Beispiel unterirdische Gänge wie die so genannte Kommunikationspoterne. Eine Poterne war ursprünglich eine Ausfallpforte oder ein geschützter Fluchtweg; in Mainz durchschneidet sie den Erdwall der Festung und stellt so eine direkte Verbindung (Kommunikation) zwischen dem Zitadelleninneren und dem äußeren Postenweg her, ohne dass die Soldaten über die – damals noch nicht bewachsene – Wallkrone laufen und sich so feindlichem Feuer aussetzen mussten.

Karsten Eichner

So geht's zur Hohltraverse:

Sie befindet sich im Wall hinter dem Drusussstein, die begehbare Kommunikationspoterne ist linker Hand neben dem Eingang zur Bastion Drusus.

Ein Punkt hinter dem Straßennamen ist auf Mainzer Straßenschildern häufig zu finden.

48

Punkt

Es wird schon seine Richtigkeit haben

Punkt. Im gesprochenen Wort wird das Satzzeichen verwendet, wenn deutlich gemacht werden soll, dass die Diskussion nun beendet ist. So machen wir es. Punkt. Im Schriftlichen beendet der Punkt bekanntermaßen einen Satz. Was aber bedeutet – in Mainz häufig zu finden – ein Punkt auf einem Straßenschild am Ende der Straßenbezeichnung? Das hier ist der Leichhof? Punkt? Keine Diskussion?

Dr. Rita Heuser schüttelt schmunzelnd den Kopf. „Dabei handelt es sich um ein syntaktisches Phänomen", erklärt die Sprachwissenschaftlerin. „Der Punkt taucht nicht nur in Mainz auf Schildern auf, sondern weitverbreitet auch hinter Adressen, Unterschriften, in Briefen oder auf Visitenkarten, und scheint Anfang des 20. Jahrhunderts Schreibusus gewesen zu sein." Man fasste Namen von Personen und Straßennamen, Buchtitel oder Adressen als abgekürzte Sätze auf – die folgerichtig dann auch mit einem Punkt beendet wurden. Tatsächlich sei das aber keine regelhafte Schreibung gewesen, die allmählich auch nicht mehr angewendet wurde, so Rita Heuser. „Der Duden hielt in seiner Ausgabe von 1929 den Punkt hinter dem Namen für überflüssig und riet sogar von seinem Gebrauch ab, weil es sich hier um die Beobachtung einer Schreibpraxis gehandelt habe, die nicht nötig sei." Dennoch hat der Punkt in Mainz überlebt. Auf etlichen alten Schildern sowieso – und selbst dann, wenn ein älteres, historisches Schild ausgetauscht und durch ein neues ersetzt wurde. Auch wenn niemand mehr wusste, warum der Punkt eigentlich da steht, wurde er auf dem neuen Schild übernommen – er würde schon seine Richtigkeit haben. Punktum.

Dr. Rita Heuser vor einem roten und einem blauen Straßenschild - ebenso typisch für Mainz wie der Punkt hinter einem Straßennamen.

Seine Richtigkeit hat es auch mit den roten und blauen Straßenschildern: Die roten bezeichnen die Straßen, die zum Rhein führen, die blauen dagegen jene, die parallel zum Rhein verlaufen. Daran hätten sich früher Menschen orientiert, die ein Gläschen zu viel getrunken haben – oder auch zwei, wird erzählt. Keine Gefahr also, gut angeheitert in den Fluss zu fallen, wenn man sich an den blauen Straßen orientierte – allerdings habe man keineswegs den wackeren Mainzer Bürger dabei im Sinn gehabt, sondern die leichtlebigen Soldaten in der Stadt vor einem Unglück bewahren wollen.

„Eine schöne Geschichte, aber leider stimmt sie so nicht", sagt Rita Heuser schmunzelnd. Nach dem Vorbild von anderen Städten wie Paris oder Wien wurden Mitte des 19. Jahrhunderts auch in Mainz farbige Straßenschilder eingeführt, um damit die Orientierung gerade für Ortsfremde zu erleichtern. Es war Oberbürgermeister Nikolaus Nack (1786-1860), der 1853 verfügte, die Mainzer Straßennamen und Hausnummern einheitlicher und übersichtlicher zu gestalten. Auf die Idee war der Mainzer Arzt Dr. Josef Anschel gekommen, der schon 1849 in einer Sitzung des Mainzer Stadtrats den Antrag auf „Umänderung der Häusernummern“ stellte, die nach Pariser und Frankfurter Vorbild vereinheitlicht werden sollten. So sollten die geraden Hausnummern auf der rechten, die ungeraden auf der linken Straßenseite zu finden sein, am Rhein sollte mit der Zählung begonnen werden. Auch die Idee mit den unterschiedlichen Farben der Straßenschilder geht auf Anschel zurück. Bis sie umgesetzt wurde, vergingen noch vier Jahre. Im Zuge dieser Modernisierung wurden auch etliche Straßennamen geändert: „In vielen Fällen wurde die heimische Bezeichnung *-gasse* durch *-straße* ersetzt“, weiß Rita Heuser.

„Der Punkt taucht nicht nur in Mainz auf Schildern auf, sondern weitverbreitet auch hinter Adressen, Unterschriften, in Briefen oder auf Visitenkarten, und scheint Anfang des 20. Jahrhunderts Schreibusus gewesen zu sein.“

Damit war die Zeit der vielen Gassen in Mainz vorbei. Punkt.

Eva Wodarz-Eichner

So geht's zu den Punkten auf den Straßenschildern:

Rote und blaue Straßenschilder gibt es im ganzen Mainzer Stadtkern. Ein Schild mit Punkt hinter dem Straßennamen bezeichnet beispielsweise die Fischtorstraße.

49

Fuchs, Maus und Vogel

Allerlei Getier unterm Römerhelm

Stolz ragt die mächtige Säule auf dem Marktplatz in den Mainzer Himmel. Kontrastiert ihn mit ihrem roten Sandstein, der sich rau anfühlt, irgendwie unfertig – und doch uralt. Beides stimmt, und beides fügt sich zu einer ganz besonderen Geschichte. Dass sich jedoch allerlei Getier an der und um die Säule tummelt und dass es mit jedem dieser Tierlein eine ganz besondere Bewandtnis hat, das ist eine Geschichte, die eher zu den unbekannteren Aspekten dieses Wahrzeichens gehört. Auch wie die Säule eigentlich überhaupt nach Mainz kam, ist spannend. Doch der Reihe nach. Sechseinhalb Meter ist die Säule hoch, hat einen Durchmesser von 1,20 Meter und wiegt sechs Tonnen. Von diesen riesigen Ausmaßen hat sie auch ihren Namen: Sie wird „Heunensäule" oder auch „Heunesäule" genannt – das frühneuhochdeutsche Wort „Heune" wurde später zu „Hüne" und bedeutet etwas Gigantisches.

Seit 1975 steht sie auf dem Mainzer Marktplatz, zum 1000-jährigen Jubiläum des Doms, nur ein paar Meter von ihm entfernt, dort aufgestellt.

Fünf Jahre später, am 27. Februar 1980 – dem 35. Jahrestag des schweren Luftangriffs von 1945 – wurde der Bronzesockel enthüllt, den der Pfälzer Bildhauer Gernot Rumpf geschaffen hatte. Auf sehr originelle Weise veranschaulicht der Sockel die bewegte Geschichte der Stadt Mainz. An den vier Ecken sind vier Kopfbedeckungen dargestellt: Ein römischer Legionärshelm erinnert an die rund 400-jährige Herrschaft der Römer in Mainz. Im Jahr 13 v. Chr. wurde die Stadt von Drusus (38 - 9 v. Chr.), einem Stiefsohn des Kaisers Augustus (63 v.-14 n. Chr.), als römisches Militärlager gegründet und entwickelte sich bald neben Köln und Trier zur bedeutendsten Stadt nördlich der Alpen.

„Aus dem Helm schaut ein Fuchs heraus, dessen Schnauze fast golden wirkt", sagt Claudia Strehl. Warum wohl hat der Bildhauer

Da sitzt der Fuchs! Claudia Strehl zeigt auf den Römerhelm, aus dem der Fuchs spitzbübisch herausschaut.

einen Fuchs in den Römerhelm gesetzt? Die Stadtführerin lacht und erklärt den Bogen zur Gegenwart von 1980, den Gernot Rumpf damit geschlagen hat: „Er trägt auch die scherzhaften Initialen O.B." Der überaus populäre SPD-Politiker Jockel Fuchs (1919-2002) hatte das Amt des Oberbürgermeisters von 1965 bis 1987 inne. Nach ihm, der eigentlich den Vornamen Jakob trug, ist nicht nur der Jockel-Fuchs-Platz vor dem Mainzer Rathaus, dem „Fuchsbau" benannt (siehe Geheimnis 29), sondern er ist auch am Markthaus mit der Hausnummer 7-9 verewigt. „An der Fassade befindet sich als Schlussstein das Konterfei von Jockel Fuchs", erzählt die Stadtführerin schmunzelnd. „So beobachtet er still und fast unentdeckt das Treiben auf dem Marktplatz. Und der Fuchs in der Heunensäule ist eben auch eine Reverenz an Jockel Fuchs."

Die Heunensäule birgt so manches Mainzer Geheimnis.

Wer bei der Heunensäule genauer in den Römerhelm schaut, entdeckt hinter dem Fuchs drei kleine Mäuse. „Es gibt eine Anekdote, die ich gern dazu erzähle: So wird manchmal behauptet, dass die drei Mäuse die drei politischen Parteien CDU, SPD und FDP symbolisieren, mit denen Jockel Fuchs seinerzeit im Rathaus zu tun hatte. Heute haben wir deutlich mehr Parteien", sagt Claudia Strehl und schiebt hinterher: „Die Mäuse sind aber vor allem das Markenzeichen von Gernot Rumpf. Er hinterlässt gern Mäuse irgendwo an seinen Werken, man muss sie nur finden. So auch am Glockenbaum, der seit 1976 vor dem Mainzer Kultusministerium steht und im Volksmund ‚Beamtenwecker' genannt wird. Es macht den Stadtbesuchern immer eine Menge Spaß, die

Mäuse zu suchen." Und noch ein Tier ist in Bronze an der Heunensäule verewigt: ein kleiner Vogel, der stolz die Initialen *M.P.* trägt und für den damaligen rheinland-pfälzischen Ministerpräsidenten Bernhard Vogel (geb. 1932) steht.

Außer dem Römerhelm gibt es drei weitere Kopfbedeckungen, die bestimmte Epochen der Mainzer Geschichte symbolisieren: Die Kaiserkrone des Heiligen Römischen Reichs Deutscher Nation steht für die enge Verbindung der Könige und Kaiser zur Stadt Mainz. Sie wurde zu einem der wichtigsten Orte des großen Reichs. Kaiser Friedrich Barbarossa (1122-1190) hat in Mainz anno 1184 das größte Fest des Mittelalters gefeiert (siehe Geheimnis 06). In der Stadt residierten die Mainzer Erzbischöfe und Kurfürsten – diese glänzende Ära wird durch eine Bischofsmitra am Bronzefuß der Heunensäule dargestellt. Der Mainzer Erzbischof war der vornehmste unter den sieben deutschen Kurfürsten, und er war es, der den König krönte. Die seit der Französischen Revolution von 1789 populäre Jakobinermütze schließlich symbolisiert die Zeit unter französischer Herrschaft – mit Unterbrechungen von 1792 bis 1814 –, in der mit der „Mainzer Republik" das erste demokratische Gemeinwesen auf deutschem Boden gegründet wurde. Die konnte sich zwar nur ein halbes Jahr halten, war aber dennoch von einschneidender Bedeutung für die Stadt. Gernot Rumpf lässt eine Mainzer Narrenkappe aus der Jakobinermütze herauswachsen. Damit spielt er darauf an, dass die Entstehung der „modernen" Mainzer Fastnacht, wie sie heute noch gefeiert wird, auf die französischen Herrschaft in der Domstadt zurückgeht: Die Sitzungen mit dem Komitee persiflieren die Sitzungen des Jakobinerrats, die Uniformen und die militärischen Ränge in den

Das Vögelchen mit den Initialen M.P. auf dem Römerhelm steht für den damaligen rheinland-pfälzischen Ministerpräsidenten Bernhard Vogel.

Garden diejenigen der französischen Armee. Sogar die Fastnachtsfarben Blau, Weiß, Rot und Gelb beinhalten die Farben der französischen Trikolore, ergänzt durch das kirchlich-katholische Gelb. Und wer bei der närrischen Zahl „Elf", die in der Mainzer Fastnacht eine so große Rolle spielt, an die Schnapszahl denkt, liegt damit sicherlich nicht falsch, vergisst aber, dass die Anfangsbuchstaben der Forderungen und Ideale der Französischen Revolution: Egalité, Liberté, Fraternité (Gleichheit, Freiheit, Brüderlichkeit), eben jenes Wort *ELF* ergeben. Die Reihenfolge dieser Worte wurde allerdings etwas umgestellt. „Gernot Rumpf hat im Sockel der Heunensäule tatsächlich die ganze Mainzer Stadtgeschichte abgebildet", meint Claudia Strehl und verweist auf die Reliefs links und rechts der Jakobinermütze. Sie stellen den Stadtbrand von 1349 dar, die Vernichtung der jüdischen Gemeinde und die Bombardierung von 1945.

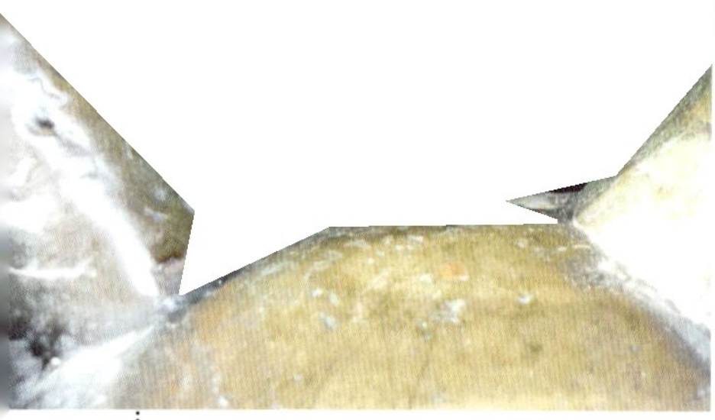

Wer genau in den Römerhelm hineinschaut, sieht drei kleine Mäuse hinter dem Fuchs.

„Aber auch die Säule selbst hat eine bemerkenswerte Geschichte – und die beginnt vor vielen Jahrhunderten in Miltenberg am Main." Dort nämlich ist sie wohl zwischen dem 9. und dem 13. Jahrhundert aus dem dort vorkommenden roten Sandstein gehauen worden – als eine unter vielen. 42 sollen es gewesen sein, wie verschiedene Quellen überliefern. Wofür ist allerdings unklar. Am wahrscheinlichsten ist es, dass sie im Mainzer Dom verbaut werden sollten, aber doch nicht zum Einsatz kamen und über Jahrhunderte im Miltenberger Wald lagen. „Im Laufe der Zeit sind immer mehr Säulen verschwunden, wobei man sich fragt, wie das so einfach ging bei der Größe und ihrem Gewicht", sagt die Stadtführerin. Im 19. Jahrhundert ging eine nach München und eine nach Nürnberg, eine dritte wurde am Miltenberger Mainufer aufgestellt.

Als 1975 das 1000-jährige Jubiläum des Doms gefeiert und aus diesem Anlass die Plätze rund um den Dom neu gestaltet und herausgeputzt worden waren, hatte der Mainzer Kardinal Hermann Volk (1903-1988) zusammen mit dem Mainzer OB Jockel Fuchs die Idee, die Stadt Miltenberg um eine ihrer gigantischen Säulen zu bitten, die wahrscheinlich ja ohnehin nach Mainz hätten kommen sollen. Prominenter Mitstreiter an der Seite des Kardinals war auch der damalige rheinland-pfälzische Ministerpräsident Helmut Kohl (1930-2017). Nach einigem Hin und Her gewährte der Miltenberger Stadtrat die Bitte, und eine der Säulen trat die Reise nach Mainz an.

Übrigens: An der Narrenkappe hängt an ihrem Bronzefuß ein Glöckchen, wie sich das für eine Meenzer Narrenkapp' gehört. Wer hineingreift, kann die kleine Kugel, die das Glöckchen zum Klingen bringt, bewegen. Auch sie ist wie die Fuchsschnauze mittlerweile blank gerieben und bringt demjenigen Glück, der sie berührt: Mainzern und ebenso allen anderen Menschen, die gerade in der Domstadt unterwegs sind.

Eva Wodarz-Eichner

So geht's zu Fuchs, Maus und Vogel:

Die Heunensäule steht auf dem Marktplatz und kann nicht übersehen werden. Der Fuchs sitzt im Römerhelm und schaut spitzbübisch heraus. Hinter ihm hocken die Mäuse. Und auf dem römischen Helm prangt der Vogel.

Feste Burg: Die Lutherkirche hat ein markantes Äußeres.

50

Bruchsteinfassade

Erster Kirchen-Neubau nach dem Krieg

Sie thront hoch oben am Zitadellenweg, direkt über der Ausgrabungsstätte des Römischen Theaters. Ihre raue, asketisch-schlichte Bruchsteinfassade changiert je nach Sonneneinstrahlung zwischen hellgrau und honiggelb, nicht nur optisch passt sie damit hervorragend zu den römischen Relikten zu ihren Füßen. Dabei hat auch die Lutherkirche Geschichte geschrieben, wenn auch erst in jüngerer Zeit. „Die Lutherkirche ist die erste Kirche in Mainz, die nach dem Zweiten Weltkrieg neu gebaut wurde. Sie ist damals als sogenannte *Notkirche* errichtet worden und war Teil eines deutschlandweiten Programms", spricht Inken Küpper ein kaum bekanntes Kapitel der evangelischen Kirchenhistorie an. Die engagierte Stadtführerin und studierte Kulturgeografin hat sich mit der Geschichte der Mainzer Gotteshäuser beschäftigt – so auch mit diesem ganz besonderen Kirchenbau.

Denn die verheerenden Luftangriffe des Zweiten Weltkriegs hatten alle Innenstadtkirchen schwer getroffen. Wegen der Bombenschäden an Johannis- und Christuskirche hatten die evangelischen Gläubigen im Zentrum der katholischen Bischofsstadt im wahrsten Sinne des Wortes kein Dach mehr über dem Kopf. Ein neues Gotteshaus musste her – und das möglichst schnell. Da kam das Serienkirchen-Programm von Professor Otto Bartning (1883-1959) gerade recht: Für das Evangelische Hilfswerk, eine Hilfsorganisation der Evangelischen Kirche in Deutschland, hatte der angesehene Architekt zwei Standard-Kirchentypen entworfen. Sie waren dank normierter und vorgefertigter Bauteile, wie beispielsweise der großen tragenden Holzbinder für das Dach, schnell und vergleichsweise preisgünstig zu errichten, ohne dabei ästhetische Gesichtspunkte zu vernachlässigen. Hilfe – etwa in Form von Geldspenden und Baumaterial – kam meist von Gemeinden aus Skandinavien und den USA, so auch hier in Mainz. Um das Fundament, um die Aufrichtung der Fertigteile und um die weitere Ausstattung hatte sich die jeweilige lokale Kirchengemeinde dann in Eigenhilfe zu kümmern. Stilprägend für Bartnings „Typ B“ – zu dem auch die Mainzer Lutherkirche gehört – wurde das weite Satteldach, das in den Saalkirchen Raum für bis zu 500 Gläubige schuf.

Geschichtsträchtiger Boden: Inken Küpper vor den Resten des Römischen Theaters und der Lutherkirche oben am Hang.

Nachdem die Stadtverwaltung der evangelischen Kirchengemeinde der Oberstadt – die übrigens schon seit 1930 existierte, aber bisher noch kein eigenes Gotteshaus hatte – 1948 den Bauplatz zur Verfügung gestellt hatte, ging alles sehr schnell: „Das alles wurde von der Gemeinde in Handarbeit aufgebaut“, erzählt Küpper. Bereits am Reformations-Sonntag 1949 wurde die Kirche mit einem festlichen Gottesdienst eingeweiht. Die weitere Ausstattung mit Orgel, Glocken, Heizung und Gemeinderäumen folgte freilich erst später.

Prägend ist bis heute die markante Eingangsfassade, die mit Bruchsteinen verkleidet ist. „Beim Bau griff man – zumindest an den nicht tragenden Stellen – gern auch auf Kriegstrümmer zurück“, ergänzt die Kulturgeografin. Mehr als 40 Notkirchen von Bartnings „Typ B“ sind deutschlandweit errichtet worden – Typ A mit seinem komplizierteren Spitztonnengewölbe wurde hingegen nur zweimal gebaut, darunter einmal in Frankfurt am Main. Die meisten von ihnen sind bis heute erhalten und stehen, so wie das Mainzer Exemplar, inzwischen unter Denkmalschutz. Damit ist auch die zwischenzeitlich gestellte Frage hinfällig, ob die Kirche etwa für eine weitere Ausgrabung der Fundamente des römischen Theaters abgerissen werden könnte.

An das rege Gemeindewachstum in der Oberstadt nach dem Zweiten Weltkrieg – befördert durch den evangelischen Bauverein, der preiswerten Wohnraum für Flüchtlinge und Ausgebombte schuf – erinnern hier bis heute die Namen der Straßen, die allesamt nach evangelischen Pfarrern benannt sind: So etwa die Wichern-, die Bodelschwingh- oder die Dietrich-Bonhoeffer-Straße.

Karsten Eichner

So geht's zur Bruchsteinfassade:

Die Lutherkirche steht am Zitadellenweg 1 direkt oberhalb des Bahnhofs „Römisches Theater“.

Quellen, Literatur, Bildnachweis

Appel, Walter: „Martin reitet auf der Kupferbergterrasse". Zur Neuaufstellung der Reiterfigur. In: Mainz: Vierteljahreshefte für Kultur, Politik, Wirtschaft, Geschichte 22. 2002, 1, S. 58-63.

Balzer, Wolfgang; Benz, Klaus; Krömer, Rupert: Mainzer Unterwelten. Entdeckungen des Untergründigen. Mainz 2007.

Bambach, Eva: „Gutenberg feiern mit Schöfferhofer". In: Spektrum.de vom 30. 11. 2012. URL: https://scilogs.spektrum.de/denkmale/gutenberg-feiern-mit-sch-fferhofer/. Abgerufen am 25.04.2021.

Bast, Eva-Maria; Thissen, Heike; Voigt, Hartmut: Nürnberger Geheimnisse. Spannendes aus der Frankenmetropole. Mit Kennern der Stadtgeschichte. 3. Aufl. Überlingen 2019, S. 27-31, 96-99.

Bast, Eva-Maria; Wodarz-Eichner, Eva: Wiesbadener Geheimnisse. Spannendes aus dem Nizza des Nordens. Mit Kennern der Stadtgeschichte. Überlingen 2019, S. 55-57, 160-163.

Bier in Mainz: Mainzer Brauerei: „Brauerei Schöfferhof ehemals Brauhaus zum Korb". URL: http://bier-in-mainz.de/mainzer-brauereien/brauereien/brauhaus-zum-korb-schofferhof. Abgerufen am 25.04.2021.

Bistum Mainz.de: „Heinrich von Meißen, genannt Frauenlob 1318-2018". URL: https://bistummainz.de/kunst-gebaeude-geschichte/aktuell/termine/veranstaltung/Heinrich-von-Meissen-genannt-Frauenlob-1318-2018/?instancedate=1542409200000. Abgerufen am 23.04.2021.

Brandt, Dieter: Es ist nicht leicht, ein Narr zu sein. Stuttgart/Zürich 1988, S. 18.

Brauch, André; Büllesbach, Rudolf: Festungsstadt Mainz – Von den Römern bis heute. München 2018.

Brück, Marion: „Schott, Franz". In: Neue Deutsche Biographie 23 (2007), S. 487 [Online-Version]. URL: https://www.deutsche-biographie.de/pnd104242523.html#ndbcontent. Abgerufen am 24.05.2021.

Bundesbahndirektion Mainz: Die Kaiserbrücke bei Mainz. Festschrift zur Einweihung der wiedererrichteten Kaiserbrücke mit ihren Zufahrtstrecken im Mai 1955. Darmstadt 1955. URL: https://de.wikipedia.org/wiki/Kaiserbrücke_(Mainz). Abgerufen am 24.03.2021.

Dein Rhein-Main Regionalportal: „Gutenberg-Museum und Haus zum Römischen Kaiser". https://www.dein-rhein-main.de/staedte/mainz/themen/tourismus/sehenswuerdigkeiten/museen/gutenberg-museum.html. Abgerufen am 18.06.2021.

Die Bibel. Nach der Übersetzung Martin Luthers. Stuttgart 1985, Joh. 10, 1-18.

Dieterich, Hans Peter: Hessisch für Anfänger. Frankfurt 2014, S. 12 f.

Ditsch: 100 Jahre Brezelbäckerei Ditsch. URL: www.ditsch.de. Abgerufen am 06.06.2021.

Dompfarrei Mainz: „Dompfarrei St. Martin und St. Quintin". URL: https://www.dompfarrei-mainz.de/unsere-pfarreien/dom-st-martin/. Abgerufen am 16.05.2021.

Dumont, Stefan: Die mittelalterliche Stadtbefestigung von Mainz. URL: http://www.festung-mainz.de/geschichte/mittelalter.html. Abgerufen am 02.05.2021.

Eich, Martin: „Blind in die Niederlage". In: Journal. Das Wochenend-Magazin der Rhein Main Presse, 23.08.2014, S. 1.

Evangelische Luthergemeinde Mainz: Unsere Kirche – Impressionen. URL: https://luthergemeinde-mainz.ekhn.de/startseite/unsere-kirche/geschichte-der-lutherkirche.html. Abgerufen am 02.05.2021.

Festung Mainz: Die Bastion Drusus. URL: http://www.festung-mainz.de/zitadelle/rundgang/drusus.html. Abgerufen am 02.05.2021.

Festung Mainz: Die Mainzer Zitadelle. URL: http://www.festung-mainz.de/zitadelle/einfuehrung.html. Abgerufen am 02.05.2021.

Feuerwehr Mainz: Geschichte. URL: http://www.berufsfeuerwehr-mainz.de/stadt_mainz/geschichte.htm. Abgerufen am 13.04.2021.

Fischer, Hans-Günther: „Die Residenz der Kurfürsten". In: Gillessen, Günther (Hrsg.): Wenn Steine reden könnten. Mainzer Gebäude und ihre Geschichten. Mainz 1991.

Funke, Bernd: „Zwischen Gänsje und Rucki-Zucki". In: Allgemeine Zeitung Mainz vom 13.01.2009, S. 8.

Gillessen, Günther: Wenn Steine reden könnten. Mainzer Gebäude und ihre Geschichten. Mainz 1992, S. 10-20, 73-81, 163-170, 171-176, 184-190.

Gill-Heine, Hiltrud: „Mainzer Schinken". URL: www.mainzerschinken.de. Abgerufen am 10.05.2021.

Grathoff, Stefan (Bearb.): „Haus ‚Zum Korb' in Mainz". URL: https://www.regionalgeschichte.net/rheinhessen/mainz/kulturdenkmaeler/haus-zum-korb.html. Abgerufen am 25.04.2021.

Grathoff, Stefan: Regionalgeschichte.net: „ Martinsburg und Kurfürstliches Schloss in Mainz". URL: https://www.regionalgeschichte.net/rheinhessen/mainz/kulturdenkmaeler/martinsburg.html. Abgerufen am 11.07.2021.

Hager, Bernhard: „‚Aufsaugung durch Preußen' oder ‚Wohltat für Hessen'? Die preußisch-hessische Eisenbahngemeinschaft von 1896/97". In: Auf eisernen Schienen, so schnell wie der Blitz. Regionale und überregionale Aspekte der Eisenbahngeschichte (Schriften des Hessischen Staatsarchivs Marburg, Bd. 19). Marburg a. d. Lahn 2008, S. 81-111.

Ders.: „Im Frieden wie im Kriege (100 Jahre Umgehungsbahn Mainz)". In: Eisenbahn-Geschichte, 2. Jg./2004, Nr. 5, S. 50-56.

Hars, Wolfgang: Lurchi, Klementine & Co. Unsere Reklamehelden und ihre Geschichten. Frankfurt am Main 2001.

Hartmann, Peter C.: Kleine Mainzer Stadtgeschichte. Regensburg 2005, S. 9-14, 37-40, 87-103.

Heuser, Rita: Namen der Mainzer Straßen und Örtlichkeiten. Stuttgart 2008, S. 87-103, 133 f., 186, 230 f., 611.

Hormann, Jörg-Michael; Kliem, Eberhard: Die Kaiserliche Marine im Ersten Weltkrieg. Von Wilhelmshaven nach Scapa Flow. München 2014.

Hübel, Marlene: Wo Goethe schritt und weilte. Ein literarischer Spaziergang durch Mainz. Mainz 1999, S. 44.

Institut für Geschichtliche Landeskunde an der Universität Mainz (Hrsg.): Die Pulverturmexplosion in Mainz 1857. URL: https://www.regionalgeschichte.net/bibliothek/texte/ereignisse-und-begebenheiten/1857-pulverturmexplosion.html. Abgerufen am 06.06.2021.

Kirsch, Siegfried: Der Türmer von St. Stephan Hermann Caspar Schneider (1764-1846) und seine Chronik der Stadt Mainz. Hrsg.: Stiftung Historische Kommission für die Rheinlande 1789-1815. Mainz 2019.

Klöpper, Michael: „Berufsfeuerwehr Mainz". In: Feuerwehr-Magazin, Beitrag vom 25.08.2015. URL: https://www.feuerwehrmagazin.de/edossier/berufsfeuerwehr-mainz-54223. Abgerufen am 13.04.2021.

Kneip, Peter: Neunundneunzig Mal Mainz. Orte, Menschen, Bilder, Geschichten. Hanau 2017, S. 24 f., 32 f., 66 f., 70 f., 86 f., 88 f., 162 f., 188 f.

Landesmuseum Mainz: „Markthäuser". URL: http://www.landesmuseum-mainz.de/ausstellungen/ausstellungsarchiv/mainz-ein-blick-viele-ansichten/einblicke/markthaeuser/. Abgerufen am 15.05.2021.

LEMO: „Der Deutsche Flottenverein". URL: https://www.dhm.de/lemo/kapitel/kaiserreich/innenpolitik/flottenverein.html. Abgerufen am 12.07.2021.

Mainz.de: „Eisenturm. Torturm der Stadtmauer". URL: https://www.mainz.de/tourismus/sehenswertes/eisenturm.php. Abgerufen am 21.07.2021.

Mainzer Carneval-Verein 1838: „Die Stadt Mainz, der MCV und die Fastnacht – eine unzertrennliche Einheit". URL: https://www.mainzer-carneval-verein.de/geschichte-und-geschichten/geschichte-des-mcv/. Abgerufen am 02.03.2021.

Mainzer Fastnacht: „KCK-Ehrenpräsident Rolf Braun": In Memoriam zu 90 Jahren. 05.04.2019. URL: https://mainzer-fastnacht.de/aktuelles/news/kck-ehrenprasident-rolf-braun-in-memoriam-zu-90-jahren. Abgerufen am 23.05.2021.

Mainzer Mobilität.de: „Mainzigartig mobil". URL: https://www.mainzer-mobilitaet.de/unternehmen/mainzer-mobilitaet. Abgerufen am 21.06.2020.

Mainz&: „Barockes Neutor, Festungsmauern und mysteriöse Steinkugeln aus dem Mittelalter". URL: https://mainzund.de/barockes-neutor-festungsmauern-und-mysterioese-steinkugeln-aus-dem-mittelalter/. Abgerufen am 14.05.2021.

Melchers, Erna; Melchers, Hans: Das große Buch der Heiligen. Geschichten und Legenden im Jahreslauf. 13. Aufl., München 1994, S. 614-616, 734-736.

Moser, Dietz-Rüdiger: Fastnacht – Fasching – Karneval. Das Fest der „Verkehrten Welt". Graz/Wien/Köln 1986, S. 106.

Müller, Hermann-Dieter: „90 Jahre Flugzeug-Werke J. Goedecker (1882-1957) Mainz-Gonsenheim". In: Gonsenheimer Jahrbuch, 6. Jahrgang 1998, Mainz-Gonsenheim 1999, S. 51-86.

Munsch, Katharina: „Einweihung der Kaiserbrücke wurde in Mainz gefeiert". In: Wiesbadener Tagblatt vom 07.09.2006. URL: https://web.archive.org/web/20070927021918/http://www.wiesbadener-tagblatt.de/region/serie/bruecken/objekt.php3?artikel_id=2514777. Abgerufen am 24.03.2021.

Nagel, Bert: Staufische Klassik. Deutsche Dichtung um 1200. Heidelberg 1977, S. 695-712.

Neese, Bernd-Michael: Der Kaiser kommt! Wilhelm I. und Wilhelm II. in Wiesbaden. Wiesbaden 2010, S. 66-69.

Peter, Bernhard: „Wohn- und Geschäftshaus in der Schönbornstraße 13". In: Galerie schöner alter Wappen Nr. 2221 Landeshauptstadt Mainz. URL: http://www.welt-der-wappen.de/Heraldik/aktuell/galerien3/galerie2221.htm. Abgerufen am 07.05.2021.

Regionalgeschichte.net.: „Die Mainzer Stadtmauer". URL: https://www.regionalgeschichte.net/rheinhessen/mainz/kulturdenkmaeler/stadtmauer.html?L=0. Abgerufen am 02.05.2021.

Ebd.: „Mainzer Brunnen. Marktbrunnen". URL: https://www.regionalgeschichte.net/rheinhessen/mainz/kulturdenkmaeler/marktbrunnen.html. Abgerufen am 15.05.2021.

Rheinhessen.de: „Römertor und Kästrich". URL: https://www.rheinhessen.de/a-roemertor-kaestrich. Abgerufen am 24.05.2021.

Roll, Ulrike: „Wenn alle Brünnlein fließen... Wasserversorgung einst und jetzt". In: Wenn Steine reden könnten. Hrsg. von Günther Gillessen. Mainz, 2. Auflage 1992, S. 91-102.

Rom in Deutschland: „Römisches Stadttor Mainz – spätantikes Stadttor". URL: https://rom-in-deutschland.de/Seiten/roemisches-stadttor-mainz---spaetantikes-stadttor.html. Abgerufen am 24.05.2021.

Schenk, Günter: Mainz Helau! Handbuch zur Mainzer Fastnacht. Ingelheim am Rhein 2004, S. 20 f., 28 f., 32-59, 87-89.

Schlösser, Ingo: „Das Hessendenkmal in Finten". In: Regionalgeschichte.net. URL: http://test.regionalgeschichte.net/rheinhessen/mainz/kulturdenkmaeler/hessendenkmal-finthen.html. Abgerufen am 24.04.2021.

Ders.: 150 Jahre Hessendenkmal. In: Finther Zeitspiegel, Heft 2/2008, S. 25-34.

Schöfferhof Brauerei: Übersicht. URL: http://www.mainzer-brauereien.de/Geschichte/Schoefferhof/schoefferhof.html. Abgerufen am 25.04.2021.

Schneider, Friedrich: Über die Steinmetzzeichen und insbesondere die des Mainzer Domes. Mainz 1872. S. 12 ff.

Schottner, Alfred: Die „Ordnungen" der mittelalterlichen Dombauhütten: Verschriftlichung und Fortschreibung der mündlich überlieferten Regeln der Steinmetzen. Münster/ Hamburg 1997, S. 60.

Schramm, Karl: Der Fastnachtsbrunnen in Mainz. Mainz 1969, S. 45-67.

Spaniol, Rosel: Frühe Eisenbahnanlagen in Mainz (einst und jetzt). Ein Beitrag zur Stadtgeschichte und -archäologie. Eisenbahnen und Museen 24. 2. Aufl., Karlsruhe 1981.

Starkarchitekten: Feuerwache II Mainz. URL: https://starkarchitekten.de/projekte/feuerwache-ii-mainz/. Abgerufen am 13.04.2021.

Steffel, Georg: „Die rätselhaften Rillen". In: Historischer Verein für Oberfranken (Hrsg.): Archiv für Geschichte von Oberfranken, Band 86. Bayreuth 2006, S. 255 ff.

St. Stephan virtuell: „Geschichte der Pfarr- und Stiftskirche in Mainz. Baugeschichte". URL: http://www.st-stephan virtuell.de/kirche/baugeschichte.html#c75704. Abgerufen am 02.05.2021.

Thielen, Katharina: „Denkmal für die SMS Mainz". In: regionalgeschichte.net. URL: https://www.regionalgeschichte.net/index.php?id=14491. Abgerufen am 01.05.2020.

Universität Mainz: „50 Jahre Forschungsreaktor TRIGA in Mainz". Beitrag vom 03.08.2015. URL: https://www.phmi.uni-mainz.de/50-jahre-forschungsreaktor-triga-in-mainz/. Abgerufen am 03.05.2020.

Walter, Heinz; Kaschel, Werner: „Von Wetzrillen und Reibschälchen". In: Die Fränkische Alb 1, 2001.

Werner & Mertz: Firmenchronik. URL: www.werner-mertz.de. Abgerufen am 24.05.2021.

Wikipedia: „Chronogramm". URL: https://de.wikipedia.org/wiki/Chronogramm#:~:text=Ein%20Chronogramm%20(oder%20Eteostichon)%20ist,angeben%2C%20auf%20das%20sich%20der. Abgerufen am 07.05.2021.

Ebd.: „Eisenbahnunfall von Mainz". URL: https://de.wikipedia.org/wiki/Eisenbahnunfall_von_Mainz. Abgerufen am 11.07.2021.

Ebd.: „Eisenturm (Mainz)". URL: https://de.wikipedia.org/wiki/Eisenturm_(Mainz). Abgerufen am 21.07.2021.

Wikipedia: „Ersatzübergangsstelle". URL: https://de.wikipedia.org/wiki/Ersatzübergangsstelle. Abgerufen am 02.05.2021.

Ebd.: „Fastnachtsbrunnen (Mainz)". URL: https://de.wikipedia.org/wiki/Fastnachtsbrunnen_(Mainz). Abgerufen am 27.04.2021.

Ebd.: „Franz Schott". URL: https://de.wikipedia.org/wiki/Franz_Schott. Abgerufen am 24.05.2021.

Wikipedia: „Frauenlob". URL: https://de.m.wikipedia.org/Frauenlob. Abgerufen am 23.04.2021.

Ebd.: „Gutenbergplatz (Mainz)". URL: https://de.wikipedia.org/wiki/Gutenbergplatz_(Mainz)#/media/Datei:Mainz-_50._Grad_n%C3%B6rdlicher_Breite_abseits_des_Gutenbergplatzes_1.5.2014.svg. Abgerufen am 02.05.2021.

Ebd.: „Hessendenkmal Finthen". URL: wikipedia.org/wiki/Hessendenkmal_Finthen. Abgerufen am 24.04.2021.

Wikipedia: „Heunensäule". URL: https://de.wikipedia.org/wiki/Heunensäule. Abgerufen am 13.05.2021.

Ebd.: „Jeanbon St. André". URL: https://de.wikipedia.org/wiki/Jeanbon_St._Andre´. Abgerufen am 10./24.05.2021.

Ebd.: „Mainzer Eisenbahntunnel" . URL: https://de.wikipedia.org/wiki/Mainzer_Eisenbahntunnel#cite_note-2. Abgerufen am 11.07.2021.

Ebd.: „Mainzer Rathaus". URL: https://de.wikipedia.org/wiki/Mainzer_Rathaus. Abgerufen am 25.04.2021.

Ebd.: „Mainz Hauptbahnhof". URL: https://de.wikipedia.org/wiki/Mainz_Hauptbahnhof. Abgerufen am 24.04.2021.

Ebd.: „Mainzer Schinken". URL: https://de.wikipedia.org/wiki/Mainzer_Schinken. Abgerufen am 10.05.2021.

Wikipedia: „Martin von Tours." URL: https://de.wikipedia.org/wiki/Martin_von_Tours. Abgerufen am 09.03.2021.

Wikipedia: „Optische Telegrafenlinie Metz–Mainz". URL: https://de.wikipedia.org/wiki/Optische_Telegrafenlinie_Metz-Mainz. Abgerufen am 02.05.2021.

Ebd.: „Pegel Mainz". URL: https://de.wikipedia.org/wiki/Pegel_Mainz. Abgerufen am 25.04.2021.

Wikipedia.: „Pulverturm (Mainz)". URL: https://de.wikipedia.org/wiki/Pulverturm_(Mainz). Abgerufen am 06.06.2021.

Ebd.: „Schönbornstraße". URL: https://de.wikipedia.org/wiki/Schönbornstraße. Abgerufen am 07.05.2021.

Ebd.: „Schottenhof (Mainz)". URL: https://de.wikipedia.org/wiki/Schottenhof_(Mainz). Abgerufen am 24.05.2021.

Wikipedia.: „SMS Mainz". URL: https://de.wikipedia.org/wiki/SMS_Mainz. Abgerufen am 01.05.2020.

Wikipedia: „Steinmetzzeichen". URL: https://de.wikipedia.org/wiki/Steinmetzzeichen. Abgerufen am 21.07.2021.

Ebd.: „Zum Römischen Kaiser (Mainz)". URL: https://de.wikipedia.org/wiki/Zum_Römischen_Kaiser_(Mainz). Abgerufen am 18.06.2021.

Wodarz-Eichner, Eva: 111 Orte in Wiesbaden, die man gesehen haben muss. Köln 2016, S. 136 f.

Dies.: Narrenweisheit im Priestergewand. Zur Interpretation des spätmittelalterlichen Schwankromans „Die geschicht und histori des paffen von Kalenberg". München 2007, S. 406 f.

Wöhrlin, Annette: Mainzer Hausmadonnen. Auf den Spuren von 60 Bildwerken. Ingelheim am Rhein 2008, S. 10-28.

SIE WOLLEN NOCH MEHR ÜBER

Mainz

WISSEN?

Hier gibt es sachkundige Informationen:

Cornelia Bärsch-Kämmerer
YouTube-Kanal: Mainz in zwei Minuten. Angebote zu Stadtführungen, besonderes zur Fastnachtszeit.
Homepage: www.stadtfuehrer-mainz.de

Bernhard Hager
Exkursionen und Führungen im Rhein-Main-Raum (Bad Homburg v. d. Höhe, Ginsheim-Gustavsburg, Frankfurt am Main, Wiesbaden) sowie fallweise in Bayerisch Eisenstein und Nürnberg.
Homepage: www.geographie-fuer-alle.de

Dr. Rita Heuser
Digitales Familienwörterbuch Deutschlands.
Homepage:
www.familiennamenwoerterbuch.de

Peter Kneip
Ausstellungen und Zeichenkurse.
Homepage: www.peterkneip.de
www.zeichnen-stjean.de

Inken Küpper
Bierproben und Stadtführungen.
Homepage:
www.bierbotschafter-mainz.de

Bettina Link
„Mainz im Blick“: Gästeführungen durch Mainz.
Homepage: http://homepage.o2mail.de

Claudia Strehl
Kulturhistorische Gästeführungen.
Homepage: www.mainz-wiesbaden-stadtfuehrung.de

Franz-Rudolf Weinert
Dombauverein Mainz.
Homepage:
https://dombauverein-mainz1.jimdo.com

Dr. Ulrike Zollfrank
Kostümführungen über und unter die Zitadelle in Mainz.
Homepage:
www.zitadelle-mainz.de/fuehrungen/

Publikationen:

Büllesbach, Rudolf; Hollich, Hiltrud; Tautenhahn, Elke: Bollwerk Mainz - Die Selzstellung in Rheinhessen. München 2013.

Brauch André; Büllesbach, Rudolf: Festungsstadt Mainz – Von den Römern bis heute. München 2018.

Brauch André; Büllesbach, Rudolf: Römisches Mainz entdecken. München 2020.

Gill-Heine, Hiltrud: Mainzer Schinken. Eine fast vergessene Mainzer Spezialität für Sie neu entdeckt. Mainz 2007.

Hager, Bernhard: Historische Entwicklung des Eisenbahnwesens im Rhein-Main-Raum. In: Festschrift zum 40. Bundeskongreß des Verbandes Deutscher Eisenbahn-Ingenieure e.V. Frankfurt am Main 2014, S. 12-18.

Heuser, Rita: Die Straßennamen im mittelalterlichen Mainz. In: Mainz im Mittelalter. Hg. v. Mechthild Dreyer und Jörg Rogge. Mainz 2009, S. 60-74.

Nübling, Damaris; Heuser, Rita; Fahlbusch, Fabian: Namen. Eine Einführung in die Onomastik. Tübingen 2012.

Heuser, Rita: Ortsnamen. In: Der Deutschunterricht 1 (2016) S. 43-54.

Heuser, Rita; Schmuck, Mirjam (Hg): Sonstige Namenarten - Stiefkinder der Onomastik. Berlin und Boston 2020.

Schenk, Günter: Karneval in R(h)einkultur: Zwischen Mummenschanz und Stunksitzung. Düsseldorf 2020.

Schenk, Günter: Karneval zwischen Tradition und Kommerz. Köln 2015.

Schenk, Günter: Mainzer Fastnachts-ABC. Fakten, Legenden, Anekdoten. Ingelheim am Rhein 2011.

Besuchen Sie uns im Internet: **www.bast-medien.de**

Haftungsausschluss

Trotz intensiven Austauschs mit unseren Gesprächspartnern, gewissenhafter Literaturrecherche und aufmerksamem Korrekturlesen erheben wir weder einen Anspruch auf Vollständigkeit noch auf Fehlerlosigkeit. Wir haben streng darauf geachtet, keine Urheberrechte zu verletzen, unsere Recherchen sind nach bestem Wissen und Gewissen erfolgt. Dennoch übernehmen wir keinerlei Gewähr für die Aktualität, Korrektheit oder Vollständigkeit der bereitgestellten Informationen. Haftungsansprüche gegen uns schließen wir grundsätzlich aus.